IMPRIMÉS
INTERDITS

Viviane Namaste

IMPRIMÉS
INTERDITS

La censure des journaux jaunes
au Québec, 1955-1975

SEPTENTRION

Les éditions du Septentrion remercient le Conseil des Arts du Canada et la
Société de développement des entreprises culturelles du Québec (SODEC)
pour le soutien accordé à leur programme d'édition, ainsi que le
gouvernement du Québec pour son Programme de crédit d'impôt pour
l'édition de livres.

Financé par le
gouvernement
du Canada | **Canadä**

Coordination éditoriale : Marie-Michèle Rheault
Révision : Viviane Asselin
Mise en pages et maquette de couverture : Pierre-Louis Cauchon
Photographie de la couverture : Pastiche de la couverture du numéro 50 de
la revue *Tous les secrets de l'amour*.

Si vous désirez être tenu au courant des publications
des Éditions du Septentrion
vous pouvez nous écrire par courrier,
par courriel à sept@septentrion.qc.ca,
ou consulter notre catalogue sur Internet :
www.septentrion.qc.ca

© Les éditions du Septentrion
835, av. Turnbull
Québec (Québec)
G1R 2X4

Dépôt légal :
Bibliothèque et Archives
nationales du Québec, 2017
ISBN papier : 978-2-89448-879-9
ISBN PDF : 978-2-89448-251-3
ISBN EPUB : 978-2-89448-252-0

Diffusion au Canada :
Diffusion Dimedia
539, boul. Lebeau
Saint-Laurent (Québec)
H4N 1S2

Ventes en Europe :
Distribution du Nouveau Monde
30, rue Gay-Lussac
75005 Paris

*Pour Jean-François, qui m'apprend
à vivre et à aimer sans censure.*

Remerciements

FAIRE DES RECHERCHES et écrire sur le non-dit, c'est un défi de taille. Plusieurs personnes m'ont aidée dans cette démarche et je leur en suis très reconnaissante. Pour de belles discussions et des références sur l'histoire québécoise, merci à Georgia Sitara, à Jarrett Rudy, à Marc Lafrance, à Jean-Philippe Warren, à Karen Herland, à Carl Trahan, et à Isabelle Perreault. Merci aux voisins du lac, Blair et Jean-Marc, qui ont témoigné de l'écriture et de la rédaction de ce manuscrit. Votre amitié m'est précieuse.

Pour l'aide technique sur le plan de la recherche, merci aux personnes qui ont fait des recherches dans les plumitifs, les doigts pleins de poussière : Cristina Flores, Jenn Clamen, Catherine Braithwaite. Les révisions du texte ont été faites par Mirha-Soleil Ross et Chantal Chevrier. Merci de votre contribution et de votre travail minutieux.

Les évaluateurs anonymes de ce manuscrit m'ont offert des commentaires qui m'ont aidée à préciser mes objectifs et ma contribution. Je vous remercie de votre temps et de votre engagement.

Mes échanges avec Rodrigue Jean m'ont aidée à mieux développer mon argumentation et son encadrement. Rodrigue, merci de ton écoute et de ta perspective. Merci surtout pour ta curiosité intellectuelle qui vise à analyser le comment et le pourquoi du non-dit dans le domaine de la culture.

La collaboration des archivistes a rendu ce travail possible. Merci en particulier au personnel des institutions suivantes : Centre Lionel-Groulx, Archives de l'Archevêché de Rimouski, Archives de la Ville de Montréal, Archives de la Ville de Rimouski, UQAM (Livres rares, Fonds Patenaude), Archives nationales du Québec, Bibliothèque et Archives nationales du Québec (à Montréal et à Rimouski), Sœurs du Rosaire à Rimouski et Université Concordia. Merci à Will Straw pour l'autorisation de reproduire certaines images de sa collection privée.

La générosité et l'amitié de Julien Boisvert et de Stéphane Lahoud, qui m'ont ouvert leur maison à Rimouski à maintes reprises, m'ont permis de faire de la recherche dans cette ville et de sortir nos analyses de la presse populaire de la métropole. Merci de votre hospitalité, de votre engagement et de votre confiance dans l'importance de ce projet.

Une version antérieure du chapitre 3 a été publiée dans Viviane Namaste, « La réglementation des journaux jaunes à Montréal, 1955-1975. Le cadre juridique et la mise en application des lois », *Revue d'histoire de l'Amérique française*, vol. 61, n° 1 (été 2007), p. 67-81. Une première version du chapitre 4 a été présentée dans Viviane Namaste, «"Débarrasser la ville de Rimouski de ces déchets littéraires" : La sexualité et la censure des journaux jaunes à Rimouski dans les années 1950», dans Jean-Philippe Warren (dir.), *Une histoire des sexualités au Québec au xxᵉ siècle*, Montréal, VLB éditeur, coll. «Études québécoises», 2012, p. 138-159. Certains éléments de ces deux publications se trouvent ailleurs dans ce livre également.

Cette recherche a bénéficié d'un appui financier de plusieurs sources : Conseil des arts et des lettres du Québec, Fonds québécois de recherche sur la société et la culture et Université Concordia. Merci à ces bailleurs de fonds d'avoir reconnu l'importance des recherches sur la censure.

Archives consultées
et leurs acronymes

- BAnQ : Bibliothèque et Archives nationales du Québec (succursales à Montréal et à Rimouski)
- ANQ : Archives nationales du Québec
- AAR : Archives de l'Archevêché de Rimouski
- CRLG : Centre Lionel-Groulx (ces archives se trouvent maintenant à la BAnQ)
- Livres rares, UQAM Fonds Patenaude
- Université Concordia
- Cour municipale, Montréal
- Cour municipale, Rimouski
- Archives de la Ville de Montréal
- Archives de la Ville de Rimouski
- Sœurs du Rosaire, Rimouski

Introduction

L'oppression s'est toujours appuyée sur l'oubli.

Denis Monière[1]

D ANS LES ANNÉES 1940 – plus particulièrement
durant l'après-guerre –, bien avant l'arrivée
d'Internet, de la téléphonie cellulaire, du courrier
électronique et de la messagerie instantanée par
ordinateur, une forme de communication de masse
a vu le jour au Québec : les *journaux jaunes*. Publiés
hebdomadairement, ces journaux relataient les
derniers potins concernant les artistes, les cabarets
et la vie nocturne de Montréal. Alors que les grands
quotidiens offraient un journalisme «classique» à
un lectorat rigoureusement ciblé, les journaux
jaunes – ainsi baptisés en raison de la mauvaise
qualité du papier sur lequel ils étaient imprimés –
visaient pour leur part un marché beaucoup plus
populaire. En offrant à un prix abordable des images,
des textes bien vulgarisés et des articles au contenu
fortement dominé par la sexualité, la presse jaune

---

1. Denis Monière, *Le développement des idéologies au Québec. Des origines à nos jours*, Montréal, Éditions Québec Amérique, 1977, p. 3.

s'est rapidement imposée comme un exemple par excellence de littérature populaire.

L'émergence de cette presse aura cependant vite fait d'être remarquée par le clergé qui exerçait autrefois sa mainmise sur une bonne partie des livres imprimés et distribués dans la province de Québec. Les journaux jaunes devenaient alors une cible de choix pour les autorités religieuses qui les tenaient responsables de la corruption de la jeunesse, de la prolifération de la pornographie et de la dégénération de la nation. Pour des chefs de file comme le cardinal Léger, les journaux jaunes incarnaient un mal qu'il fallait éradiquer de nos rayons, de nos kiosques et de nos imaginations. Des politiciens de grande renommée – notamment Jean Drapeau – ont collaboré à l'effort en dénonçant ces publications dans leurs discours et leurs campagnes et en adoptant des règlements municipaux pour en interdire la vente. À l'instar des associations religieuses, les élus politiques ont revendiqué une interdiction totale de ces revues populaires.

Ce livre retrace l'histoire peu connue de cette censure au Québec. Nous tentons de comprendre pourquoi ces publications, petites et éphémères, ont été ciblées par les autorités religieuses et municipales. Nous examinons le discours et l'argumentation derrière cette censure, la justification offerte pour les actes d'interdiction et analysons la manière dont a pris forme cette proscription, c'est-à-dire le cadre juridique mis en place pour effectuer ce travail.

La période ciblée par cette étude est surtout les années qui suivent la Seconde Guerre mondiale. Nous commençons notre analyse au milieu des années 1950, à une époque où certains politiciens tels que Jean Drapeau et Pax Plante ont été impliqués dans des campagnes de moralité publique[2], et poursuivons jusqu'au milieu des années 1970. Comme les journaux jaunes étaient souvent liés au monde des cabarets et du *nightlife* (une association expliquée au premier chapitre), lorsque les cabarets sont disparus de la vie nocturne montréalaise, nous avons pu remarquer moins de censure de ces publications. La période historique étudiée s'étale de 1955 à 1975, pour mieux comprendre les activités de censure de ces petites publications dites malsaines. Évidemment, nous n'offrons qu'un début d'étude sur ce plan, et d'autres chercheuses[3] pourraient étudier la censure de la presse populaire au cours d'autres périodes historiques ou selon d'autres angles d'analyse.

Au premier chapitre, un survol des activités des associations religieuses à Montréal permet de déterminer les grands enjeux de cette censure. Nous

---

2. Voir Mathieu Lapointe, *Nettoyer Montréal : Les campagnes de moralité publique, 1940-1954*, Québec, Septentrion, 2014.

3. Nous employons la forme féminine au pluriel pour alléger le texte, tout en reconnaissant que les historiens et les historiennes ont avancé nos connaissances dans ce domaine. Autrement dit, nous adoptons la forme grammaticale féminine et demandons que les lecteurs s'insèrent dans ce cadre – une démarche que l'on fait depuis longtemps, à l'inverse, pour les femmes.

examinons également les pratiques censoriales à la Ville de Montréal et le caractère profondément idéologique de cette lutte. Au deuxième chapitre,

Les journaux jaunes couvrent la vie nocturne à Montréal, constatant que «les déviations sexuelles de nos artistes nous coûtent cher»! Page couverture, *Ici Montréal*, 10 décembre 1960. Collection privée de Will Straw.

nous poursuivons en centrant notre attention sur les motifs invoqués pour justifier la censure et l'interdiction des publications jaunes. Les trois motifs les plus importants sont une sexualité considérée trop explicite, le besoin de protéger la jeunesse contre les publications « malsaines » et la promotion d'une nation saine, pure et hautement morale. Le troisième chapitre, rédigé à partir de recherches empiriques aux archives de la cour, traite du cadre juridique mis en place pour empêcher la vente et la distribution des publications ciblées. Nous portons notre attention sur les pratiques juridiques fédérales, provinciales et municipales, offrant ainsi une nouvelle contribution aux recherches sur l'histoire de la censure au Québec qui, en général, se limitent à la réglementation fédérale (le Code criminel). Le chapitre quatre présente l'histoire de la censure de ces journaux à Rimouski, comparant et contrastant les tactiques employées là-bas avec celles qui étaient utilisées à Montréal. La ville de Rimouski a été choisie, entre autres, à cause de l'abondance de sources qu'on y trouve. Nos recherches soulignent ainsi l'importance d'une analyse de la censure en région, un sujet peu étudié jusqu'ici dans nos réflexions collectives sur l'histoire de la censure au Québec.

Finalement, après avoir dressé un résumé des résultats et de l'apport méthodologique de notre étude, nous considérons ce que nous pouvons apprendre de cette histoire. En examinant des cas récents de censure au Québec et au Canada, nous voyons comment les résultats de nos recherches peuvent nous renseigner sur la censure actuelle. Car la censure, en effet, existe toujours. Le but n'est donc pas simplement d'écrire une histoire, peu connue, de la censure, mais aussi d'actualiser cette recherche, d'en tirer des leçons pour alimenter nos réflexions et guider nos actions. Nous visons une pratique historienne qui sort de la tour d'ivoire, une pratique de recherche pouvant servir à orienter l'action collective. Comme le pouvoir de la censure touche tout le monde – en tant qu'individus et en tant que collectivité –, seules des actions bien réfléchies et organisées peuvent l'examiner, le remettre en question et le déplacer. En commençant par une étude historique, nous serons mieux en mesure de contrer la censure sous ses formes actuelles.

Notre étude vise non seulement à offrir une contribution aux études scientifiques dans ce domaine, mais aussi à donner une analyse relativement bien vulgarisée des enjeux de la censure, accessible aux non-spécialistes. Le sujet de notre enquête aborde des questions différentes : la littérature, la culture populaire, la sexualité, l'histoire québécoise, les études urbaines, la communication, le domaine juridique et le rôle de la religion au sein de la société québécoise dans les années d'après-guerre. Certes, une spécialiste de chacun de ces champs d'intérêt pourrait indiquer des références pertinentes et des pistes de recherche qui mériteraient d'être exploitées davantage. Tout en reconnaissant que nous ne pouvons donner un avis définitif sur tous les champs de spécialisation énumérés ci-dessus, nous espérons que les références trouvées dans les notes et

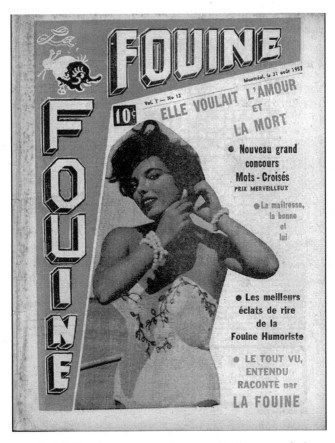

Abordables, les journaux jaunes constituent un bel exemple de la culture populaire dans les années d'après-guerre. Page couverture, *Fouine*, 31 août 1957. Collection privée de Will Straw.

dans la bibliographie pourront alimenter les réflexions des chercheuses.

Dans cette étude, nous visons, modestement et simplement, à jeter un regard sur un élément méconnu de notre histoire collective : la censure de la presse populaire. En examinant les pratiques de la censure, sa réglementation et la justification donnée de cette interdiction, nous pouvons mieux comprendre les limites du non-dit au Québec. Cette histoire nous révèle des questions fondamentales en ce qui concerne notre passé, mais elle soulève également un problème de fond à l'égard des pratiques actuelles de la censure, qui s'apparentent souvent aux pratiques d'autrefois. Ainsi, notre contribution à comprendre l'histoire québécoise nous permettra de mieux réfléchir au sujet de la société actuelle. Si, comme Denis Monière le dit, « l'oppression s'est toujours appuyée sur l'oubli », il y a un intérêt capital à examiner le rôle de la censure dans cet oubli forcé de notre histoire.

Chapitre 1

« Ces cloaques d'immondices[1] »
Les autorités religieuses et municipales
contre les journaux jaunes à Montréal

Par le Cœur immaculé de Marie, donnez-moi
la générosité, l'audace, le cran pour combattre
la littérature obscène et réclamer de vos droits,
à Vous, mon Divin Maître.

Prière contre la littérature obscène, 1958[2]

L E MONTRÉAL DE L'APRÈS-GUERRE vibrait au rythme d'une scène artistique haute en couleur. Les cabarets, les théâtres et les boîtes à chansons constituaient à cette époque un élément clé du dynamisme économique de la cité ainsi que de sa représentation symbolique[3]. Mais la danse, la drogue, les débits de boissons clandestins et la

---

1. Cette phrase vient du cardinal Léger pour décrire les journaux jaunes. Voir « Le cardinal dénonce une fois de plus les journaux jaunes, "ces cloaques d'immondices" », *Le Devoir*, 10 mars 1958.

2. Citée dans Pierre Hébert avec la collaboration d'Élise Salaün, *Censure et littérature au Québec. Des vieux couvents au plaisir de vivre (1920-1959)*, Montréal, Éditions Fides, 2004, p. 158.

3. Voir par exemple William Weintraub, *City Unique : Montréal Days and Nights in the 1940s and 50s*, Toronto, McLelland and Stewart, 1996,

sexualité, qui conféraient à Montréal son caractère de « ville ouverte », attiraient aussi l'attention des autorités municipales et religieuses pour qui le phénomène ne constituait rien de moins qu'une corruption des mœurs de la population. Jean Drapeau est d'ailleurs élu maire, pour une première fois en 1954, après avoir promis de nettoyer la ville de ses éléments infâmes.

Les historiennes du Québec ont examiné le processus complexe de fusion entre moralité et administration politique durant les périodes précédant et suivant la Révolution tranquille[4]. Au nombre des sujets étudiés jusqu'à ce jour, mentionnons les cabarets, les maisons de jeu[5] et la prostitution[6]. Notre compréhension de l'histoire de la réglementation de la moralité au Québec est toutefois limitée en raison d'une lacune importante dans les travaux précédemment cités. Celle-ci concerne l'interdiction des journaux jaunes[7].

---

et Will Straw, « Montréal Confidential : Notes on an Imagined City », *CineAction*, vol. 28 (printemps 1992), p. 58-64.

4. Voir surtout Mathieu Lapointe, *Nettoyer Montréal, op. cit.*

5. Daniel Proulx, *Les bas-fonds de Montréal*, Montréal, VLB, 1998 ; Suzanne Morton, *At Odds : Gambling and Canadians, 1919-1969*, Toronto, University of Toronto Press, 2003.

6. Danielle Lacasse, *La prostitution féminine à Montréal, 1945-1970*, Montréal, Boréal, 1994 ; Viviane Namaste, *C'était du spectacle ! L'histoire des artistes transsexuelles à Montréal, 1955-1985*, Montréal, McGill-Queen's University Press, 2005 ; Daniel Proulx, *Le Red Light de Montréal*, Montréal, VLB, 1997.

7. Certains extraits de ce chapitre ont été publiés dans Viviane Namaste, « La réglementation des journaux jaunes à Montréal,

Ces publications, les unes en français, les autres en anglais, jouaient pourtant un rôle important dans la vie culturelle du Montréal de l'après-guerre[8]. Tout comme les livres de poche qui arrivaient d'Europe et des États-Unis, ces journaux étaient désormais accessibles, en raison de leur bas prix, aux petits salariés. Ils remplissaient simultanément deux fonctions : documenter et promouvoir la culture des cabarets. Entrevues avec des artistes, photographies et chroniques à potins en dominaient le contenu[9]. Les textes étaient parfois très courts et se résumaient à des anecdotes et des entrefilets croustillants. Leur contenu explique partiellement la popularité de ces produits culturels : les Montréalais les achetaient et les lisaient pour se tenir au courant des loisirs en vogue. Contrairement aux revues et aux livres de poche importés, les publications locales présentaient de l'information et des publicités sur les spectacles et les artistes montréalais. Les journaux de langue française

---

1955-1975. Le cadre juridique et la mise en application des lois », *Revue d'histoire de l'Amérique française*, vol. 61, n° 1 (été 2007), p. 67-81. Certains éléments ont également été présentés dans Viviane Namaste, « "Débarrasser la ville de Rimouski de ces déchets littéraires" : La sexualité et la censure des journaux jaunes à Rimouski dans les années 1950 » dans *Une histoire des sexualités au Québec au xxᵉ siècle*, rédaction Jean-Philippe Warren, VLB, Montréal, 2012, p. 138-59.

8. Pour une analyse approfondie du rôle de la représentation dans la présentation d'une certaine image de Montréal, voir Will Straw, « Montréal Confidential : Notes on an Imagined City », *op. cit.*

9. Un aperçu visuel de ces journaux se trouve en ligne sur le site willstraw.com.

Un exemple d'un journal jaune distribué au Québec dans les années d'après-guerre. Ces journaux sont devenus des symboles de la corruption des mœurs de la population et, ainsi, une cible pour les groupes religieux. Collection privée de Viviane Namaste.

attiraient particulièrement l'intérêt des lecteurs qui comprenaient peu ou pas du tout l'anglais.

À cette époque, le contenu des journaux jaunes misait fortement sur les loisirs, la sexualité et la vie nocturne. Leur représentation de Montréal en tant que ville ouverte entrait en conflit avec une vision conservatrice et religieuse du Québec en tant que société morale. Ainsi devenaient-ils la cible par excellence des acteurs religieux et politiques revendiquant un assainissement de la moralité autant à Montréal que dans l'ensemble de la province[10]. Le maire Drapeau en a parlé comme de la «presse pestilentielle», et la tenait pour principale responsable de la corruption des mœurs[11].

Certes, une campagne contre les journaux jaunes dans les années 1950 n'était pas du tout la première instance d'un intérêt marqué pour la santé morale de la nation. Depuis le début du XXᵉ siècle, plusieurs commissions s'étaient déjà attaquées au vice et au crime à Montréal – citons à titre d'exemple l'enquête menée par Henri-Thomas Taschereau en 1905[12], la

---

10. Voir Yves Lever, «Magazines avec illustrations» dans Pierre Hébert, Yves Lever et Kenneth Landry, dir., *Dictionnaire de la censure au Québec*, Montréal, Éditions Fides, 2006, p. 432.

11. Jean Drapeau, «Lâcher ou tenir?», conférence publique au théâtre Saint-Denis, 22 janvier 1958, publiée par le Comité de moralité publique, février 1958, p. 10.

12. Yves Hébert, «Taschereau, sir Henri-Thomas», *Dictionnaire biographique du Canada en ligne (DBC en ligne)*.

commission Cannon de 1909[13], la commission Coderre de 1922[14] ainsi que l'enquête Caron au début des années 1950[15]. Démontrant la corruption policière et municipale dans la métropole, ces initiatives dénonçaient la collaboration de la police avec les autorités civiles quant aux affaires liées à la prostitution, au jeu et au crime organisé. Des historiennes nous ont offert des analyses nuancées et détaillées de ces phénomènes, mais nous remarquons aussi l'absence de réflexions sur la presse populaire[16]. Notre étude vise à remédier à cette lacune en examinant le rôle central que jouaient les journaux jaunes dans les campagnes de moralité. Notre analyse démontrera la place symbolique qu'occupaient les journaux jaunes dans la lutte contre l'immoralité au Québec pendant les années 1950 et 1960, une époque caractérisée par le crime et la corruption selon les réformateurs moraux[17].

13. Voir par exemple Mario Robert, «Cannon, Lawrence John», *DBC en ligne*.

14. Karen Herland, *Organized Righteousness against Organized Viciousness : Constructing Prostitution in Post World War I Montreal*, Thèse de maîtrise, Department of Art History and Communication Studies, McGill University, 2005.

15. Danielle Lacasse, *La prostitution féminine à Montréal, op. cit.* ; Daniel Proux, *Le Red Light de Montréal, op. cit.*

16. Une exception importante se trouve dans Mathieu Lapointe, *Nettoyer Montréal, op. cit.*, p. 156-161.

17. Voir par exemple, «Le crime est florissant», *La Patrie*, 21 février 1957 ; «Vague de gangstérisme et d'immoralité à Montréal», *Le Devoir*, 30 décembre 1957 ; «Rampant lawlessness», *Montréal Star*, February 27 1958 ; «À Montréal le crime est plus fort que la police !», *Samedi-Dimanche*, 16 août 1958 ; «Montréal semble devenir la "capitale du crime"», *Petit Journal*,

Après avoir bien précisé notre objet d'étude, nous nous pencherons sur le travail qui a été accompli par les organismes religieux ainsi que par l'administration municipale de la ville de Montréal. Dans l'ensemble, la censure de la presse populaire était un élément clé d'un programme moral au Québec.

Les journaux jaunes : définition de l'objet et survol du marché

Les journaux jaunes auxquels nous faisons référence se distinguaient par leur aspect populaire et éphémère. Ces derniers, qui comprenaient souvent à peine quelques pages, se vendaient dans les kiosques à journaux, les restaurants, les pharmacies et les cabarets. Comme nous l'avons souligné précédemment, leur contenu non seulement traitait de la vie artistique des vedettes des cabarets montréalais, mais couvrait, de façon beaucoup plus générale, l'ensemble de la vie nocturne de la métropole. Souvent abondamment illustrés, ces journaux représentaient à la fois le loisir, la sexualité, la vie artistique et le divertissement adulte de la métropole. D'ailleurs, c'est le contenu même de ces journaux qui se voyait ciblé par les campagnes de moralité. Les opposants à ces revues rejetaient la notion selon laquelle ces publications ne constituaient

---

8 novembre 1959 ; « Vague de crimes à Montréal », *La Patrie*, 12 juin 1959 ; « La police municipale et la vague de crimes », *La Presse*, 7 octobre 1960.

rien de plus que des journaux à potins. Comme le souligne J.-Z. Léon Patenaude, «le mot "potinage" qu'on emploie pour les qualifier n'est qu'un synonyme poli de "chantage"[18]».

Précisons d'emblée que les journaux jaunes se distinguent de certaines publications «parallèles», par exemple celles dites comiques qui relataient, à l'époque, les histoires sur le crime (*crime comics*). Ces publications ont elles-mêmes fait l'objet de censure au Canada. Comme le soulignent plusieurs historiennes spécialistes de la question, les lois concernant l'obscénité ont été modifiées en 1949 afin d'inclure certaines provisions concernant les bandes dessinées (*crime comics*)[19]. Dès les années 1950, la disparition quasi totale de ce genre de publications a été célébrée par les réformateurs comme un symbole de leur réussite et de leur succès sur le plan législatif[20]. Les journaux jaunes, de quelques pages seulement et ne présentant qu'un contenu local, se distinguaient aussi des petits romans à fascicule, tout aussi populaires dans les années d'après-guerre[21].

---

18. Cité dans «Parents et éducateurs *vs* la presse jaune», *Vrai*, 15 mars 1958, p. 9.

19. Janice Dickin McGinnis, «Bogeymen and the Law: Crime Comics and Pornography», *Ottawa Law Review*, vol. 20, n° 1 (1988), p. 3-23; Mary-Louise Adams, «Youth, Corruptibility and English-Canadian Post-War Campaigns Against Indecency, 1948-55», *Journal of the History of Sexuality*, vol. 6, n° 1 (1995), p. 89-117.

20. Janice Dickin McGinnis, «Bogeymen and the Law», *op. cit.*

21. Essentiellement des histoires de crimes, un survol de ces publications est présenté ici: http://www.collectionscanada.gc.ca/

Enfin, le terme «journaux jaunes» exclut les revues, les petits romans et les magazines, souvent désignés par le terme «presse de cœur» et principalement destinés à un lectorat féminin[22]. Autrement dit, ce dont on parle, ce sur quoi l'on s'attarde, ce sont les publications, hebdomadaires et mensuelles, qui représentent le milieu du cabaret à Montréal[23]. Nous parlons donc de documents présentant des anecdotes et des potins sur les clientes, les artistes, la police et l'administration municipale de la ville. Mentionnons, parmi les plus notoires, *Tous les secrets de l'amour*, *Montréal confidentiel*, *Allô police*, *Flirt et potins*, *Minuit*, *Jour et nuit* et *Nouvelles et potins*[24].

Les publications considérées sous la rubrique des «journaux jaunes» étaient publiées dans plusieurs endroits, dont les États-Unis, le Canada, la France, la Belgique et le Québec. Nous soulignons par contre le caractère francophone de plusieurs de ces œuvres. Offerts à petit prix et en français, les journaux jaunes constituaient une partie significative de

---

pulp/027019-1100-f.html. Une sélection visuelle de ces romans se trouve sur le site Web suivant: https://willstraw.com/canada-the-canadian-true-crime-magazine-of-the-1940s-and-1950s/.

22. «L'inquiétante popularité de la "presse de cœur"», *L'Action catholique*, semaine du 9 juin 1956, p. 4.

23. Pour une analyse des journaux jaunes dans le contexte américain, voir Joseph Campbell, *Yellow Journalism: Puncturing the Myths, Defining the Legacies*, Westport, Connecticut, Praeger, 2001. Pour une analyse du manque d'études sur ce genre de publication, voir Marc Lits, «Le fait divers: une notion intraduisible», *Hermès, La Revue*, vol. 49 (2007/3), p. 107-113.

24. Plusieurs de ces revues se trouvent à la BAnQ.

ce que lisaient monsieur et madame Tout-le-monde. À cet égard, on constate au Québec un marché de publications populaires qui facilitait un plus grand accès à la littérature aux personnes sans éducation formelle. Puisque ces journaux étaient rédigés en français et bien vulgarisés, leurs adversaires y voyaient un potentiel énorme d'influence sur les mœurs des habitants du Québec.

Le marché de ces publications était considérable. Les chiffres et les statistiques disponibles démontrent que les journaux jaunes étaient achetés et lus de façon constante et importante au Québec. Selon une estimation de 1955, trois cent mille revues et petits livres étaient mis en vente tous les mois à Montréal[25]. En 1957, le périodique catholique *Vrai* a évalué le tirage mensuel des journaux jaunes à 413 000 exemplaires pour l'ensemble du Québec[26]. *Vrai* a fourni le tirage pour chacune des 11 publications recensées[27] :

Poubelles et crottins	115 000
Allô police	145 000
Montréal confidentiel	15 000
Can-Can	6 000
Tabou	6 000
Ici Montréal	40 000
Crime et sensation	25 000

25. Gérard Tessier, *Face à l'imprimé obscène. Plaidoyer en faveur d'une littérature saine*, Montréal, Éditions de la feuille d'érable, 1955, p. 93.

26. *Vrai*, 1er juin 1957, p. 9.

27. *Ibid.*

Jour et nuit	12 000
Samedi-dimanche	30 000
Vu	15 000
Photo nouvelles	4 000

Si ces chiffres démontrent un marché appréciable des journaux jaunes, d'autres sources confirment le succès de ce genre de publications au Québec. Selon un article publié en 1958, la distribution des revues populaires venant de France et des États-Unis a été multipliée par 400 dans les années 1950. Alors que le prix des douanes s'élevait à 2500$ en 1949, le marché d'importation des journaux était de l'ordre d'un million de dollars en 1957[28]. Le maire Jean Drapeau réclamait un marché de trois millions de dollars pour les publications regroupant les journaux jaunes et les bandes dessinées en 1955, soulignant la croissance continuelle de cette forme de littérature :

> Faut-il rappeler que, de 1937 à 1947, il ne se publiait en Amérique du Nord que 19 comics mais qu'il en paraît aujourd'hui plus que 600 ? Que dans notre pays certaines familles dépensent plus de 4$ par semaine à l'achat de journaux à sensation, de comics, etc.[29] ?

---

28. « On demande de bannir des feuilles importées des États-Unis ou d'Europe », *La Patrie*, dimanche 13 avril 1958.

29. Jean Drapeau, « Gardiens de nos frères ? », conférence donnée au Club Richelieu, Québec, 30 novembre 1955, publiée par le Comité de moralité publique, Montréal, 1955, p. 3.

Les statistiques liées aux saisies des journaux jaunes dans les années 1950 et 1960 démontrent davantage la réussite commerciale et culturelle de ces revues. Les chiffres avancés dans ce domaine témoignent du volume impressionnant des publications. Ainsi, on constate la saisie de 11 000 exemplaires de la revue *Midnight* en 1955[30], la confiscation de 19 500 exemplaires du journal *Cabaret* en 1959[31], le retrait de 12 000 livres et revues à Québec en 1969[32] et une saisie de 15 000 exemplaires de revues en 1971[33]. En résumé, toutes les données citées ci-dessus signalent que les journaux jaunes étaient achetés et lus par beaucoup de gens au Québec. La grandeur de ce marché indique la popularité de cette forme de littérature. En outre, puisque ces revues ont fait l'objet de poursuites, on constate le besoin de réfléchir sur les formes particulières de censure qui ont été imposées à ces journaux jaunes.

Ayant décrit les journaux jaunes et leur marché au Québec, nous considérons maintenant la manière

---

30. « Le propriétaire et le distributeur de l'hebdomadaire "Midnight" doivent se livrer aujourd'hui à la police », *La Patrie*, 20 septembre 1955, p. 4.

31. Rapport annuel 1959, Police de Montréal, disponible au Centre de recherche Lionel-Groulx, P47/H10. Voir également le procès-verbal de la réunion du comité exécutif de la Cité de Montréal, 9 décembre 1959, p. 11-12, disponible au Centre de recherche Lionel-Groulx, P47/H10.

32. « La SPQ saisit plus de 12 000 livres et revues pornographiques », *L'Action catholique*, 1er mars 1968, p. 3.

33. « Vaste opération de "gazettes" polluées », *L'Action catholique*, 26 mai 1971, p. 1.

dont on les a censurés. Nous commençons par une analyse du travail de certains groupes religieux dans ce domaine, et nous aborderons ensuite le rôle de l'administration municipale dans la censure de la culture populaire à Montréal.

Les organisations religieuses et les journaux jaunes

Les journaux jaunes étaient la cible privilégiée des réformateurs moraux et religieux dans les années 1950 et 1960 au Québec. De nombreuses campagnes sont alors menées contre ces publications, notamment la croisade lancée par les Chevaliers de Colomb en 1955[34] et, en 1958, les appels à la censure prononcés par les autorités religieuses[35]. Plutôt que de présenter une liste exhaustive de ce qui a été accompli lors de ces campagnes, nous nous pencherons plus particulièrement sur un certain nombre de stratégies censoriales propres à certains groupes.

À partir du début des années 1950, les organisations vouées à la réforme morale et religieuse de la société ont déployé une double stratégie pour censurer les journaux jaunes. Il s'agissait, en premier lieu, d'élaborer des lois, des règlements et des

34. « Campagne colombienne contre l'obscénité », *La Patrie*, 23 mai 1955, p. 2.

35. « Le cardinal Léger dénonce spectacles et publications obscènes », *La Patrie*, 12 janvier 1958, p. 122.

politiques sociales concernant la censure. En second lieu, il fallait exercer une pression sur l'État pour que soient appliquées les lois déjà en vigueur qui permettaient de réglementer les publications dites obscènes.

Le Comité de moralité publique (CMP) illustre bien une association active dans ce domaine. Travaillant avec le slogan « Pas de progrès social sans progrès moral – pas de progrès moral sans progrès social », le CMP organisait des conférences et des comités d'action :

> Ses principaux moyens d'action sont les causeries, les conférences, la diffusion de brochures et de feuillets de propagande, l'organisation d'équipes locales et de comités de vigilance, l'action auprès des pouvoirs publics sur le plan municipal, provincial et fédéral en vue d'obtenir la répression de tout ce qui porte atteinte à la santé morale de la jeunesse, de la famille et de la nation[36].

Démontrant une action auprès des autorités judiciaires, le CMP a préparé un mémoire à un comité sénatorial qui avait le mandat d'étudier la censure au Canada, notamment de définir clairement le terme « obscénité ». Selon le CMP, la définition de l'obscénité était à l'époque si vague qu'elle nuisait à l'application de la loi : « L'article 150 de

---

36. CMP, « Le Comité de moralité publique », Centre de recherche Lionel-Groulx, P47/Q2,2.

LIBÉRONS
MONTRÉAL

DE LA
PÈGRE

JEU COMMERCIALISÉ
IMMORALITÉ PUBLIQUE
PART ORGANISÉ
PROSTITUTION
CONCORDIA SALUS
PRÉVARICATION

Souscrivez au

COMITÉ DE MORALITÉ PUBLIQUE
DE LA LIGUE D'ACTION CIVIQUE
266 ouest, rue St-Jacques, suite 305
MONTRÉAL, QUÉ. — HA. 6204

Toute souscription de $5.00 ou plus donne droit à une copie de "Montréal sous le règne de la pègre"

La lutte contre les journaux jaunes associait
ces publications au vice, au crime et à la mafia.
Cette affiche de souscription au CMP offre une
représentation visuelle de ces enjeux. BAnQ,
Centre de recherche Lionel-Groulx, P47/J, 7.

notre Code criminel n'est pas sans mérite, mais son application est pratiquement impossible[37]. » Le CMP a donc présenté à la commission sénatoriale un mémoire qui comprenait un survol des définitions de l'obscénité en usage dans d'autres pays.

Dans le même ordre d'idées, la Conférence catholique canadienne de l'épiscopat a aussi soumis un mémoire à la commission sénatoriale[38]. À l'instar du CMP, les évêques considéraient qu'il était important d'avoir une définition claire de l'obscénité, afin que la littérature susceptible de corrompre la jeunesse, voire la nation tout entière, puisse être censurée :

> Désireux avant tout de collaborer, dans la plus large mesure possible, avec nos concitoyens de toutes les appartenances religieuses ou politiques, à la lutte contre cette menace qui s'attaque aux principes mêmes de notre civilisation[39].

Les membres du clergé participaient pleinement à la formulation de cadres réglementaires touchant l'obscénité et ils veillaient tout autant à ce que les

---

37. CMP, mémoire présenté par le Comité de moralité publique à l'honorable Edmund Davie Fulton, C.P., C.R., ministre de la Justice du Canada, s.d., p. 2, Centre de recherche Lionel-Groulx, Fonds du Comité de moralité publique, P47/N,1.

38. Mémoire de la Conférence catholique canadienne de l'épiscopat au Comité sénatorial d'enquête sur la vente et la distribution de la littérature obscène, 13 avril 1953, Centre de recherche Lionel-Groulx, Fonds du Comité de moralité publique, P47/N,1.

39. *Ibid.*

lois déjà en vigueur soient respectées. Diverses stratégies ont été proposées pour former les membres du clergé afin qu'ils remplissent leurs devoirs civiques. À titre d'exemple, le CMP a distribué des copies de la liste des publications bannies par le Bureau de censure du gouvernement du Québec[40]. Le comité encourageait ainsi les citoyens « ordinaires » à surveiller et à avoir à l'œil les kiosques à journaux, les pharmacies et les restaurants locaux. Advenant le cas où une publication bannie était découverte, les citoyens étaient priés d'en informer le CMP[41]. Cette tactique allait de pair avec le travail qui avait été réalisé antérieurement par le CMP. Ses membres patrouillaient dans les cabarets et autres débits de boissons, recueillant des données sur les permis, la prostitution et l'immoralité[42].

En effet, nous situons cette lutte contre la littérature obscène dans un contexte plus large de moralité. Au début des années 1950, par exemple, le CMP était une association de personnes qui

---

40. CMP, revues condamnées en date du 10 juin 1951 par le Bureau de censure du Québec, Centre de recherche Lionel-Groulx, Fonds du Comité de moralité publique, P47/Q2,2.

41. *Ibid.*

42. Voir par exemple les données, renseignements et rapports recueillis par les membres du CMP sur les bars et les restaurants dans les années 1940, Centre de recherche Lionel-Groulx, Fonds du Comité de moralité publique, P47/H,6. Voir également le travail de la Ligue du Sacré-Cœur dans ce domaine, Centre de recherche Lionel-Groulx, Fonds Patenaude, Ligues du Sacré-Cœur, P30/12:33, P30/12:37, P30/12:39, P30/12:40 et surtout P30/12:41.

revendiquait le besoin d'une enquête sur le vice commercialisé, le jeu et la corruption policière et administrative à Montréal[43]. La Commission royale d'enquête sur la moralité publique et la police de Montréal (commission Caron), qui s'est penchée sur ces questions, a terminé son mandat en 1954, constatant la collaboration entre la police, certaines personnes à la Ville de Montréal et la pègre. Une fois cette déclaration faite, le CMP s'est tourné vers la question des journaux jaunes. À cet égard, ces journaux devenaient un objet symbolique pour représenter le dévergondage de la ville – un concept antérieurement cristallisé dans l'expression « vice commercialisé[44] ».

Des campagnes faisaient partie intégrante des initiatives religieuses préoccupées par la moralité au Québec. La Fédération des ligues du Sacré-Cœur, qui s'est chargée d'une campagne contre les journaux jaunes dans les années 1950, a également lutté contre le blasphème, la vente des boissons alcooliques et l'ouverture des salles de spectacles et des commerces le dimanche. Dans un document distribué à ses membres, la Fédération propose des

---

43. Une analyse plus exhaustive du CMP, de ses membres et de ses stratégies se trouve dans Mathieu Lapointe, *Nettoyer Montréal, op. cit.,* p. 213-272.

44. Voir, par exemple, Danielle Lacasse, *La prostitution féminine à Montréal, op. cit.* ; Thérèse Limoges, *La prostitution à Montréal. Comment, pourquoi certaines femmes deviennent prostituées. Étude sociologique et criminologique*, Montréal, Éditions de l'Homme, 1967.

projets de réglementation concernant plusieurs éléments de la vie quotidienne : la vente des boissons, les salles de danse, la fermeture de bonne heure des commerces et la littérature obscène[45]. La censure des journaux jaunes se situe donc dans un cadre moraliste qui prône une vision religieuse de la ville de Montréal.

La documentation des Ligues du Sacré-Cœur (LSC) encourageait des actions individuelles et soulignait l'importance de visiter tous les vendeurs[46]. Aux kiosques à journaux s'ajoutent donc les pharmacies, les restaurants et les épiceries. Tout comme le CMP, la Ligue donnait des consignes précises sur la démarche à suivre advenant le cas où un membre trouvait une publication bannie, lorsqu'un vendeur refusait de coopérer ou qu'on ne trouvait aucune publication obscène.

Les activités de la Ligue du Sacré-Cœur allaient néanmoins bien au-delà des visites aux nouveaux vendeurs de journaux. L'organisation encourageait les individus à mobiliser leur propre paroisse ou leur diocèse, afin qu'ils s'engagent dans le mouvement pour la censure. S'inspirant des réformateurs américains tels que la National Organization for Decent

---

45. Fédération des Ligues du Sacré-Cœur, « L'immoralité par la bride », Québec, décembre 1958, Bibliothèque nationale du Québec, disponible à la BAnQ, code 342.71409 I335.

46. Ligues du Sacré-Cœur, « La lutte contre la littérature immorale », Centre de recherche Lionel-Groulx, Fonds du Comité de moralité publique, P47 / Q2,3.

Périodiques indésirables, de langue française, publiés au Canada

Signification de la lettre qui précède chaque titre : d : à déconseiller
n : à ne pas recommander
p : à proscrire
r : à rejeter

d	Allo Amour	d	Radio-Photo
p	Allo Police	d	Rediffusion
p	Amour pour Tous, L'	p	Reportages
		d	Rions, c'est l'heure
d	Bouffon, Le	p	Romances vécues
p	Bréviaire de l'Amour, Le		
		d	Samedi-Dimanche
d	Canadien riant, Le	d	Santé et Force
d	C'est ça la Vie	p	Senteux, Le
n	Chic		
p	Coeurs de Femmes	p	Tous les Secrets de l'Amour
d	Confessions	p	Tous les Secrets de la Vie
d	Courrier du Coeur, Le		
p	Crime et Châtiment	n	Vedettes, Le Journal des
		d	Vénus
d	Détective	d	Vie qui va, La
p	Digeste de l'Amour	p	Voit tout
d	Dimanche Matin	p	Votre Horoscope
		p	Vous serez tous guéris
p	Hebdo Magazine		
p	Histoires vécues		
n	Histoires vraies		
p	Ici Madame		
p	Ici Montréal		
d	Libération		
d	Lutte et Boxe		
r	Messager, Le (protestant)		
d	Micro, Le		
p	Montréal confidentiel		
p	Nono, Le		
d	Nouveau Monde, Le		
p	Nouvelles et Potins		
p	Parias, Les		
n	Patrie du Dimanche, La		
d	Petit Journal, Le		
d	Photo-Journal		
d	Pie, La		
d	Police-Journal		
d	Police secrète		
p	Profondeurs de l'Amour, Les		

Si cette liste vous suggère quelque observation, veuillez l'adresser :

LIGUES DU SACRÉ-COEUR
8100 St-Laurent, Montréal 11, Qué.

La Ligue du Sacré-Cœur a publié une liste des revues indésirables ou condamnées, afin d'aider les paroissiens à pouvoir éviter ces publications. BAnQ, Centre de recherche Lionel-Groulx, P47 / Q2, 2.

Literature (NODL), la Ligue publiait et faisait circuler des listes de publications jugées acceptables, à déconseiller ou bien à interdire tout court[47]. Ces listes devaient servir de guide pour les vendeurs, les citoyens et les initiatives de paroisse. De plus, les membres de la Ligue recevaient de l'information sur les institutions et les lois régissant la question : le Code criminel du Canada, le Tarif des douanes et la Loi sur les douanes, la Loi du procureur général, le Bureau de censure du Québec et même la Société canadienne des postes (car se servir du courrier pour la livraison d'articles obscènes, indécents ou immoraux constituait une infraction au Code criminel)[48]. Cette information s'est avérée très utile pour les membres des organisations religieuses. Elle leur a permis d'acquérir les compétences dont ils avaient besoin pour obtenir la réglementation des publications dites obscènes et en empêcher l'étalage en public.

La censure effectuée par les groupes religieux, qui visaient à la fois la formulation et l'application des lois dans le domaine de l'obscénité, ne se limitait pas à une approche répressive de la culture. Or, comme le soutient Pierre Hébert, il faut analyser la censure *proscriptive*, c'est-à-dire les tentatives d'éradication des images et des textes considérés comme

---

47. « Périodiques indésirables, de langue française, publiés au Canada », Ligues du Sacré-Cœur, Centre de recherche Lionel-Groulx, Fonds du Comité de moralité publique, P47/Q2,2.

48. Ligues du Sacré-Cœur, « La lutte contre la littérature immorale », *op. cit.*, p. 4-5.

étant offensants pour la morale, tout autant que la censure *prescriptive* – ces initiatives encourageant la « bonne lecture », lecture faisant la promotion de la consommation d'une culture spécifique, une culture dite morale et saine[49]. Cette distinction s'avère utile pour mieux comprendre le travail des groupes comme la LSC. Leur documentation interne, tout en fournissant des informations sur les lois qu'on doit appliquer pour éradiquer de la ville les « feuilles fornicatrices[50] », inclut une discussion sur la promotion de bonnes lectures comme solution au problème de la littérature obscène[51]. Les articles publiés dans les journaux confirment cette tactique préconisée par les groupes religieux. Dans le contexte d'une campagne contre la littérature obscène en février 1955, par exemple, on a revendiqué le besoin de bibliothèques remplies de bonne littérature[52]. Un appel à la bonne lecture était complémentaire à la répression des publications immorales[53].

---

49. Pierre Hébert avec la collaboration de Patrick Nicol, *Censure et littérature au Québec. Le livre crucifié, 1625-1919*, Montréal, Fides, 1997.

50. Cette phrase vient d'un article publié dans le journal *Écho du Bas-Saint-Laurent*, 24 novembre 1955.

51. Fédération des Ligues du Sacré-Cœur, « L'immoralité par la bride », *op. cit.*

52. « La grande pitié de nos bibliothèques », *L'Action catholique*, 10 février 1955, p. 4.

53. « Continuez la lutte contre la littérature obscène, diffusez aussi la bonne littérature », *Le Devoir*, 24 janvier 1959 ; « De bons livres sont les grands rivaux de la littérature obscène », *L'Action catholique*, 29 mars 1960, p. 18.

Nous citons surtout le travail du CMP et de la LSC dans ce domaine, tout en soulignant que les groupes religieux de plusieurs dénominations ont été unanimes dans leur dénonciation de ces revues. En effet, les objections à cette presse populaire étaient faites par les catholiques, les juifs, les orthodoxes grecs et les protestants[54]. Plus largement, la lutte contre la littérature obscène a été appuyée par la Société Saint-Jean-Baptiste (SSJB) ainsi que par les principaux syndicats de la province[55].

La lutte contre la littérature obscène à la Ville de Montréal

Les activités du CMP et de la LSC témoignent d'une lutte acharnée menée contre la littérature considérée obscène, mais nous soulignons également les initiatives entreprises à la Ville de Montréal dans ce domaine. En effet, la censure de la presse populaire s'inscrivait dans la politique municipale des années 1950 et 1960. Une analyse du discours du maire

---

54. «Religious Leaders Unite to Denounce Immoral Magazines», *Montréal Star*, February 28, 1958, p. 29; «All Faiths Support Move», *The Gazette*, February 28, 1958.

55. «Appui de la SSJB à la lutte entreprise contre les lectures malsaines», *La Presse*, 8 octobre 1955; «La SSJB appuie la campagne contre les lectures malsaines», *La Patrie*, 8 octobre 1955; «Les syndicats appuient le maire Jean Drapeau», *L'Action catholique*, 24 septembre 1955, p. 1; «Campagne de syndicats nationaux contre les publications immorales», *La Presse*, 9 mai 1958.

Drapeau, élu pour la première fois en 1954, nous aide à mieux situer l'éradication de ces revues en vertu de la politique municipale. En 1954, la commission Caron fait paraître son rapport. Non seulement l'enquête a démontré que Montréal est une ville grande ouverte, mais elle a fourni aussi des preuves de la corruption policière et municipale. La publication de ce document a d'ailleurs été un facteur clé de la victoire du maire Drapeau aux élections. Ce dernier avait juré qu'il débarrasserait Montréal du vice, de la prostitution et de la corruption policière. Or, même si les historiennes ont examiné le régime du maire Drapeau en relation avec les cabarets, la prostitution et le jeu[56], peu de chercheuses se sont penchées sur la censure des journaux jaunes. Pourtant, à l'instar des réformateurs moraux et religieux du Québec, le maire Drapeau s'est servi du contenu des journaux jaunes pour brosser le tableau d'une société en pleine dégénérescence morale.

Dans un discours intitulé « Gardiens de nos frères », prononcé en 1955, le maire de Montréal a discuté des changements en cours dans le monde des loisirs au Québec. Selon lui, les nouvelles formes de loisirs, notamment la télévision et les journaux jaunes, étaient, au mieux, des éléments dénués d'une

---

56. Voir, par exemple, Danielle Lacasse, *La prostitution féminine à Montréal*, *op. cit.* ; Daniel Proulx, *Le Red Light de Montréal*, *op. cit.* ; Daniel Proulx, *Les bas-fonds de Montréal*, *op. cit.* ; William Weintraub, *City Unique*, *op. cit.*

dimension spécifiquement morale et, au pire, des facteurs qui contribuaient à l'immoralité elle-même :

> Car, à l'heure actuelle et demain bien plus encore, un système de loisirs qui dégagerait dans l'ensemble une note immorale, ou même simplement amorale, porterait les risques d'abaissement de tout un peuple et marquerait la déchéance de générations entières[57].

Une fois les enjeux posés – c'est la santé morale même de la nation qui était en jeu –, le maire Drapeau a associé les journaux jaunes à l'immoralité de deux façons. Dans un premier temps, il a affirmé que ce type de publication dépravait les jeunes :

> Ce qui est vrai, tragiquement vrai, c'est que la montée des publications de cette sorte est en train de perdre notre jeunesse en détruisant chez elle tout sens moral authentique, toute conscience sociale et jusqu'à la moindre parcelle de goût[58].

Ensuite, le maire a postulé que ces publications renvoyaient une image déformée de la ville et qu'elles faisaient de la désinformation auprès des citoyens moyens. Il les situait dans la topographie

---

57. «Gardiens de nos frères?», conférence prononcée le 30 novembre 1955 au Club Richelieu, Québec, pamphlet publié par le Comité de moralité publique, 1955, p. 9.

58. *Ibid.*, p. 21.

de la mafia et de la corruption municipale[59]. Ainsi, les journaux jaunes servaient de documents populaires, confirmant et renforçant idéologiquement le caractère de Montréal comme ville grande ouverte. Leur élimination annoncerait donc le début d'une nouvelle ère, le commencement d'un nouvel ordre moral dans la métropole.

Le rôle symbolique de ces journaux, dans lequel ils incarnent l'immoralité tout court, est observé en lien avec la politique municipale de Montréal. Drapeau a été défait en 1957. Dans un discours public sur cet événement, non seulement il a déploré la débauche morale des citoyens de Montréal, qui ont choisi d'élire une personne qui n'allait pas assurer un climat vertueux, mais il allait encore plus loin. Il constatait un lien étroit entre la pègre et les journaux jaunes. Selon lui, ses adversaires avaient reçu l'appui de ces journaux, ce qui expliquait leur victoire :

> Pour répandre cet ensemble de mensonges et de calomnies, pour distiller ce venin, nos adversaires disposaient, outre les truchements presse et radio utilisés grâce à d'énormes moyens pécuniaires, du concours spontané de toutes ces feuilles ordurières pour lesquelles nous étions une menace constante. Ils

---

59. *Ibid.*, p. 20. Voir aussi Jean Drapeau, « Lâcher ou tenir ? », conférence publique au théâtre Saint-Denis, 22 janvier 1958, Montréal, pamphlet publié par le Comité de moralité publique, février 1958.

disposaient aussi du concours non moins spontané de toute cette catégorie de gens pour qui le vice commercialisé est le pain quotidien et qui, après trois ans, se sentaient particulièrement affamés... cette coalition d'une presse systématiquement avilissante et du monde interlope au bénéfice d'une entreprise qui groupait les survivants d'un régime de tolérance envers la pègre et de nouveaux venus désireux de rétablir un système aussi avantageux pour quelques-uns[60].

Étant donné ces rapports étroits entre les journaux jaunes et le « monde interlope », Drapeau a prêché l'intérêt d'éradiquer ces revues de la ville. Il s'agissait non seulement d'assainir la ville des images et des textes obscènes, mais également de pouvoir nettoyer la politique municipale elle-même :

On comprend mieux aujourd'hui le mal que peuvent faire des feuilles de cette sorte et combien nous avions raison de lutter contre elles et de réclamer une législation plus sévère à leur sujet[61].

La lutte contre la littérature obscène se superposait à une lutte pour une politique municipale honnête. Les journaux jaunes cristallisaient alors une représentation visuelle et symbolique de l'immoralité et de la corruption municipale. Ainsi, la

---

60. *Ibid.*, p. 9-10.
61. *Ibid.*, p. 10.

Décembre, 1958   Prix: 25 sous

L'Immoralité par la Bride

PROJETS DE RÈGLEMENTATION POUR

- La vente des liqueurs alcooliques;
- Les salles de danse;
- Le bon ordre public;
  (fermeture de bonne heure)
- Le stationnement des véhicules;
- Le blasphème;
- Les imprimés, etc.;
- Le Dimanche.

PROCÉDURE À SUIVRE — MODÈLES DE RÈGLEMENTS

Fédération des Ligues du Sacré-Coeur

Diocèse de Québec

Place Jean Talon   Québec

La Fédération des ligues du Sacré-Cœur a publié ce livret afin de guider les actions des paroissiens. On y trouve des directives pour la surveillance des kiosques, des conseils pour en parler avec les vendeurs, des procédures à suivre et des modèles de réglementation. BAnQ, code 342.71409 I335

censure de ces publications s'inscrivait dans une stratégie plus large de réforme politique à la Ville de Montréal.

À partir de 1958, Drapeau est de nouveau maire de Montréal. Dès qu'il a été au pouvoir, le travail de la Ville s'est intensifié en ce qui concerne la lutte contre la littérature obscène. Le comité exécutif, par exemple, a passé une motion en mars 1958 qui visait à assurer que l'administration municipale ferait tout ce qu'il est possible de faire dans ce domaine :

> THAT the Executive Committee be requested to consider the advisability of giving definite directions to the Police Department to the effect that these laws and bylaws be rigorously applied without hesitancy, within the limits of the City of Montréal...

> THAT the Executive Committee be also requested to consider the advisability of forming a permanent committee comprising representatives of the civil and religious authorities and of the public in general to follow the progress of this purging, and to instruct the City law Department to study all the means to be taken to carry out a permanent clean-up of this obscene literature and that the director of the Police Department be requested to report monthly on the progress of this action in this respect[62].

---

62. Procès-verbal, Comité exécutif, Cité de Montréal, 10 mars 1958, Archives de la Ville de Montréal.

La référence aux règlements municipaux dans cette citation souligne justement l'une des tactiques à laquelle l'administration municipale faisait appel afin de réglementer les journaux jaunes. La Ville appliquait trois règlements dans ce domaine, les numéros 1025, 2129 et 2889. Ces derniers visaient essentiellement à proscrire des images de nudité ou de semi-nudité dans les théâtres, les cabarets, les restaurants, les kiosques à journaux et autres commerces montréalais. Une analyse détaillée de ces règlements étant le sujet d'un chapitre ultérieur de ce livre, nous soulignons pour l'instant le recours à la réglementation municipale comme stratégie de la Ville pour lutter contre la presse jaune.

Tout comme les groupes religieux, l'administration de Jean Drapeau interpellait le gouvernement fédéral dans sa définition de l'obscénité. Une lettre envoyée au ministre de la Justice d'alors, Edmund Davie Fulton, dans le cadre de son travail sur l'obscénité, a suggéré qu'une nouvelle définition de ce concept pourrait préciser l'élément immoral, indécent ou impudique[63]. Dès que la nouvelle loi fédérale prônant une telle conception de l'obscénité eut été adoptée, la Ville de Montréal a envoyé une lettre de félicitations au ministère de la Justice[64].

---

63. Voir l'annexe et le procès-verbal, Comité exécutif, Cité de Montréal, 16 octobre 1958, Archives de la Ville de Montréal.

64. Procès-verbal, Comité exécutif, Cité de Montréal, 30 juin 1959, Archives de la Ville de Montréal.

Une des actions les plus importantes de la Ville de Montréal dans ce domaine a été la création d'un comité de surveillance de la littérature obscène. Composé principalement de leaders religieux et de réformateurs de la moralité, le comité visait à assurer l'application des lois dans le domaine de l'obscénité. Ce comité travaillait de concert avec les groupes religieux, par exemple en leur demandant de poursuivre et d'intensifier leur campagne contre la littérature obscène. On voulait collaborer avec « all groups interested in catholic, social and family action so as to request their collaboration in the campaign carried on by this committee[65] ». Ce comité a participé également à la formulation des lois. Toujours dans les années 1950, on revendiquait le besoin d'une municipalité de pouvoir saisir plus facilement les publications obscènes. Or, pour pouvoir effectuer des saisies qui soient légales, on avait besoin de modifier le Code criminel. Le comité de la Ville de Montréal a adopté une résolution visant à modifier le Code afin d'élargir les pouvoirs de saisie d'une Ville[66]. Tout comme les groupes religieux, l'administration municipale de Montréal s'est engagée dans une censure prescriptive, par exemple en soulignant l'adoption d'une loi sur les bibliothèques publiques, une initiative qui visait à

---

65. Minutes, Committee appointed to prevent the dissemination of obscene literature in Montréal, February 19, 1959, p. 2.

66. Minutes, Committee appointed to prevent the dissemination of obscene literature in Montréal, December 10, 1959.

assurer des livres soi-disant sains dans ces institutions[67].

L'entrecroisement de la censure des journaux jaunes et de la politique municipale est constaté tout au long des années 1950. En effet, la présence de ces revues malpropres était citée comme signe de la déchéance morale ainsi que de la corruption policière. En 1959, par exemple, le conseiller municipal Pierre Desmarais a lancé une offensive pour assainir la ville. Ayant une longue histoire de la lutte contre le vice[68], M. Desmarais a apporté des exemplaires de ces journaux à la réunion des conseillers de la Ville, afin de constater la propagation de l'immoralité partout dans l'île de Montréal. Le vice commercialisé, incarné par les journaux jaunes, était bel et bien présent dans la métropole. À la suite des interventions de M. Desmarais, le directeur de police Albert Langlois a été convoqué au comité exécutif de la Ville[69]. Il devait expliquer les actions de son service pour lutter contre la prostitution, la pègre et la littérature obscène. Les journaux jaunes, avec leurs couvertures remplies d'images sexuelles, représentaient bien le discours moraliste de M. Desmarais,

---

67. Procès-verbal, Comité exécutif de la Cité de Montréal, 17 mars 1960, Archives de la Ville de Montréal.

68. « M. Desmarais réclame une enquête sur Montréal », *Le Devoir*, 21 septembre 1946. Un survol des actions, des idées et des initiatives de M. Desmarais se trouve dans Mathieu Lapointe, *Nettoyer Montréal*, *op. cit.*, p. 220-230.

69. Réunion du comité exécutif de la Cité de Montréal, 9 décembre 1959, Archives du Centre de recherche Lionel-Groulx, P47/H,10.

lui fournissant ainsi une preuve visuelle de dépravation sociale et politique.

Tout comme les actions des groupes religieux
tels que la Fédération des ligues du Sacré-Cœur, les
actions de la Ville de Montréal dans le domaine de
la censure comprenaient des éléments à la fois
proscriptifs et prescriptifs : la formulation des lois,
l'interdiction par les règlements municipaux et une
lutte acharnée contre le vice commercialisé et la
corruption.

Le travail idéologique
de la censure des journaux jaunes

La presse écrite des années 1950 et 1960 indique que
la censure s'opérait au Québec. Nous démontrons
comment et pourquoi la condamnation de la presse
jaune constituait un aspect fondamental d'un programme moralisateur pour la société québécoise.
En effet, la censure de ces publications était la réalisation d'un travail idéologique de certains acteurs
qui prônaient la réforme spirituelle de la nation.
Pour les groupes religieux ou la Ville de Montréal,
le discours sur la censure dans la presse écrite se
composait de trois rudiments entremêlés : l'annonce
d'une campagne, la répétition constante de cette
lutte et la déclaration de son succès.

L'année 1955 témoigne d'une véritable campagne
contre les journaux jaunes au Québec. Le discours du

maire Drapeau au début de 1955 insistait sur cette lutte, une initiative en lien avec son discours électoral de l'automne 1954[70]. En janvier et février de cette année-là, le communiqué de M. Drapeau, publié dans les journaux quotidiens et hebdomadaires, révélait que le maire allait mener une campagne sans merci contre cette littérature ordurière[71]. Quelques mois plus tard se joignaient à cette bataille les ordres religieux ; il y eut, par exemple, une campagne colombienne contre les journaux jaunes[72]. En inaugurant une campagne au début de l'année 1955, seulement six mois plus tard, M. Drapeau signalait que cette lutte se poursuivait avec intensité[73]. La saisie de certaines publications – une affaire bien médiatisée – confirmait cette orientation à l'automne 1955 et encore en mai 1956[74]. Selon les acteurs dans ce domaine, le travail

---

70. Jean Drapeau, « Gardiens de nos frères ? », *op. cit.*

71. « Drapeau contre les journaux pornographiques », *La Patrie*, 31 janvier 1955, p. 5 ; « Leurs jours sont comptés », *Le Devoir*, 19 février 1955 ; « Un geste courageux », *L'Action catholique*, 3 février 1955, p. 4.

72. « Campagne colombienne contre l'obscénité », *La Patrie*, 23 mai 1955, p. 2 ; « Urgence de combattre la littérature obscène – Un appel pressant à tous », *L'Action catholique*, 16 mars 1955, p. 1.

73. « Le nettoyage de la ville n'est pas terminé », *La Patrie*, 15 juillet 1955, p. 3 ; « Il existe deux façons de combattre le vice », *La Patrie*, 26 juillet 1955, p. 9 ; « "Guerre sans réserve" déclenchée contre certains hebdos à Montréal », *L'Action catholique*, 17 septembre 1955, p. 19.

74. « Journal saisi », *La Patrie*, 16 septembre 1955, p. 1 ; « Le propriétaire et le distributeur de l'hebdomadaire "Midnight" doivent se livrer à la police », *La Patrie*, 20 septembre 1955, p. 4 ; « La guerre aux publications obscènes reprend de la vigueur par suite d'une autre saisie », *Le Devoir*, 25 mai 1956 ; « Mandat d'arrestation contre l'éditeur d'*Hebdo magazine* », *L'Action catholique*, 21 septembre 1955, p. 1.

d'assainissement des publications a eu des effets positifs et visibles : on cite par exemple une baisse de la demande pour les calendriers obscènes en réponse aux actions entreprises[75]. Les événements cités ci-dessus signalent que le travail de censure se faisait également auprès des médias, déclarant en premier une lutte, pour ensuite confirmer la poursuite de cette initiative et en démontrer son application.

Nous observons le même phénomène pour l'année 1958. Au début de l'année, les autorités religieuses ont déclaré la guerre ouverte aux journaux jaunes[76]. Cette lutte s'est poursuivie toute l'année, et n'en était qu'à ses débuts, selon ses auteurs[77]. Les groupes religieux proclamaient que leurs actions avaient eu un effet positif sur le contenu des publications, citant par exemple quelques revues qui s'étaient améliorées dans ce domaine[78]. S'ajoutait aux voix religieuses celle de la Ville, notamment lorsque celle-ci a revendiqué une campagne contre la littérature obscène en décembre 1958[79]. Ce travail

---

75. «Les calendriers obscènes sont beaucoup moins en demande grâce à la lutte menée en faveur des illustrations saines : progrès immense», *L'Action catholique*, 16 décembre 1955, p. 1.

76. «Le cardinal dénonce une fois de plus les journaux jaunes, "ces cloaques d'immondice"», *Le Devoir*, 10 mars 1958.

77. «Fight for Decency Is Just Beginning, Cardinal Declares», *Montréal Star*, June 16, 1958.

78. «Eight «Scandal Sheets» Cleaned Up : League», *Montréal Gazette*, 2 juin 1958.

79. «City Requests Campaign against Obscene Literature», *Montréal Gazette*, October 17, 1958.

idéologique s'est poursuivi en 1959 : en janvier, les Chevaliers de Colomb ont annoncé la poursuite de leurs actions[80], la Ligue du Sacré-Cœur a diffusé un communiqué de presse avec une liste des publications jugées immorales[81] et le cardinal Léger a constaté la disparition de 22 publications obscènes au Québec[82]. Le succès de la campagne a été déclaré par le cardinal Léger ainsi que par les Chevaliers de Colomb, ces derniers constatant l'éradication de 150 revues immorales en 13 ans[83]. Outre la répression de ces feuilles, les autorités religieuses ont appuyé un programme de censure proscriptive qui visait à faire circuler la bonne littérature[84].

Des déclarations officielles d'une lutte contre la presse populaire se sont répétées en 1962. En mars, la police a annoncé l'intensification de leur travail contre les publications immorales[85]. L'importance

---

80. « Poursuite de la campagne contre les revues obscènes », *La Presse*, 8 janvier 1959.

81. « Publications jugées répréhensibles par la Ligue du Sacré-Cœur », *Le Devoir*, 15 janvier 1959.

82. « Directives du cardinal – 22 journaux disparus », *La Presse*, 22 janvier 1959.

83. « Disparition de 150 revues obscènes en treize ans », *La Presse*, 25 mars 1959.

84. « Le cardinal recommande la lutte pour la bonne littérature », *Montréal-Matin*, 20 janvier 1959 ; « Continuez la lutte contre la littérature obscène, diffusez aussi la bonne littérature », *Le Devoir*, 24 janvier 1959.

85. « La police part en guerre contre les livres et les revues à couverture osée », *La Presse*, 30 mars 1962 ; « Lutte accentuée aux couvertures "osées" », *Nouveau Journal*, 31 mars 1962 ; « Les revues qui exhibent les nus devront disparaître des étalages », *La Presse*, 30 mars 1962 ; « Indecent Literature Campaign Continuing », *Montréal Gazette*, March 2nd, 1962.

capitale de ce combat se justifiait si l'on considérait le marché appréciable des publications pornographiques[86]. Comme auparavant, la saisie de cette presse populaire témoignait des actions concrètes de la part de la Ville[87]. Une nouvelle offensive s'annonçait en 1966. Lors de « l'opération censure », la police de la ville a visité tous les kiosques à journaux et a saisi 3000 publications[88].

Les campagnes officielles contre la presse populaire ont été annoncées en 1955, 1958, 1962 et 1966, mais il y a eu aussi une mention de cette lutte dans la presse écrite au cours des années 1950 et 1960. En effet, de façon constante, la presse écrite répétait le renouvellement de ces initiatives. Ainsi, la poursuite de ce travail s'annonçait en 1959, 1960 et 1965[89]. La saisie d'une quantité importante de ces revues en 1968 atteste de la vigilance continuelle des autorités[90].

---

86. « Pornography Said Centred in Montréal », *Montréal Gazette*, 7 avril 1962 ; « Lapalme : Montréal est le centre d'un véritable commerce de livres obscènes », *Le Devoir*, 7 avril 1962.

87. « Police Clamp Down on Obscene Books », *Montréal Star*, January 11, 1962 ; « La police saisira les publications immorales », *La Presse*, 11 janvier 1962.

88. « Montréal fait le nettoyage de ses kiosques à journaux », *Dimanche-Matin*, 20 février 1966 ; « Police Sweep on Obscenity », *Montréal Star*, February 19, 1966 ; « On ouvre la chasse à la pornographie dans la métropole », *Journal de Montréal*, 18 février 1966.

89. Voir, par exemple, « Intensification de la lutte contre les publications obscènes », *Montréal-Matin*, 22 décembre 1959 ; « La lutte contre la littérature obscène se poursuit sans relâche », *La Presse*, 11 mai 1960 ; « Lutte acharnée », *Montréal-Matin*, 4 février 1965.

90. « La SPQ saisit plus de 12 000 livres et revues pornographiques », *L'Action catholique*, 1er mars 1968, p. 3 ; « Québec déclare la

Et une série d'articles publiés en 1969 et 1970 souligne l'importance de lutter contre la littérature obscène[91]. Au cours des années 1950 et 1960, le discours médiatique sur les journaux jaunes a avancé une conception d'une réforme morale réalisée par la censure. Puisqu'ils sont devenus des signes de la déchéance de la ville, leur éradication signalait la santé morale de la ville. En annonçant des campagnes de censure, en insistant sur le fait que le travail se poursuivait sans relâche et en citant les saisies et condamnations juridiques, les autorités religieuses et administratives ont pu démontrer le succès de leurs efforts. La réitération de ces trois éléments constituait le travail idéologique de la censure de l'époque, tout en dissimulant les énoncés qui affirmaient les actions de moralité au Québec. L'importance d'un tel travail idéologique était reconnue par les acteurs dans ce domaine. Le Comité sur la littérature obscène créé par la Ville de Montréal, par exemple, recommandait que l'administration municipale assure une campagne visible contre ces publications :

---

guerre au sexe et à la littérature pornographique », *L'Action catholique*, 7 décembre 1968, p. 1.

91. « La pornographie et l'érotisme préoccupent les évêques du Québec », *L'Action catholique*, 19 décembre 1969, p. 9 ; « L'escalade de l'érotisme », *L'Action catholique*, mai 1970, p. 4 ; « Un grave problème de pollution morale », *Action Québec*, 23 septembre 1970, p. 19. Nous remarquons une transformation importante dans l'objet d'attaque des réformateurs après les années 1970, qui visait alors la pornographie et les magazines érotiques et non plus les journaux jaunes.

Public opinion being a potent weapon and with the experience that the publicity which ensued as a result of various denunciations of obscene material has in fact already been a very salutary method of curbing the evil the Executive Committee should maintain an orderly and continuous publicity campaign against this type of publication[92].

Cette citation souligne que notre analyse de la censure ne doit pas se limiter à la réglementation légale des publications. En effet, comme le démontre Janice Dickin McGinnis, le succès des campagnes de censure était souvent plus remarquable sur le plan idéologique que sur le plan juridique[93]. Analysant cette censure à Montréal vers la fin des années 1950, elle constate le peu de condamnations légales : « The fact was that such prosecutions were scarce as hen's teeth[94]. » C'étaient les campagnes publiques, selon elle, qui avaient des répercussions sur la vente des publications :

Canada's law did not produce the flood of prosecutions sparked by private interest groups that Fulton had predicted... It would seem that the publishers

---

92. Procès-verbal, Committee appointed to prevent the dissemination of obscene literature in Montréal, June 25, 1958, p. 2.

93. Janice Dickin McGinnis, « Bogeymen and the Law », *op. cit.*, p. 3-23.

94. *Ibid.*, p. 17. Voir également Mary-Louise Adams, « Youth, Corruptibility and English-Canadian Post-War Campaigns », *loc. cit.*

were more affected by this public campaign than by any legislation or threatened law[95].

La lutte contre la littérature obscène se faisait dans les médias, propageant l'idée que les journaux jaunes répandaient la corruption dans la ville de Montréal. Pour les groupes religieux, comme pour l'administration municipale, la réitération de cette lutte – la citation de sa source, l'insistance sur son importance, les actions entreprises dans ce domaine et son succès déclaré – réalisait un travail idéologique qui démontrait leur contribution capitale à la santé morale de la nation.

Conclusion

En tant que forme de littérature populaire dans les années d'après-guerre, les journaux jaunes présentaient les éléments de la vie nocturne de la métropole. Abordables et rédigées dans un langage accessible au grand public, ces revues à potins se vendaient, sur une base hebdomadaire et mensuelle, à coup de milliers d'exemplaires. Le contenu de ces publications – notamment celui ayant trait à la sexualité et à la vie artistique montréalaise – offensait les valeurs de certaines autorités religieuses et municipales. Des campagnes officielles contre ces

---

95. Janice Dickin McGinnis, «Bogeymen and the Law», *op. cit.*, p. 19.

publications ont été lancées dans les années 1950, à la fois par l'Église et la Ville de Montréal. Nous pouvons résumer l'argumentaire mis de l'avant par ces campagnes en nous concentrant sur quatre éléments principaux : une tentative de reformuler le cadre juridique quant aux règles et lois concernant la question de «l'obscénité», une pression accrue afin que les lois et règlements légiférant ce domaine soient appliqués, une promotion continue de ce qui, selon les autorités religieuses, constitue une bonne, une «saine» littérature et, enfin, un effort concerté visant à assurer, dans les médias, la présence et l'articulation d'un argumentaire condamnant ces revues dites malpropres. Dans l'ensemble, ces diverses tactiques visaient à promouvoir et à maintenir un programme de réforme morale au Québec.

Nous avons présenté un survol des activités de cette lutte. Mais nous devons nous attarder un peu plus sur les justifications données pour ces interdictions. Selon quelle logique défendait-on la censure de ces publications? Quels arguments ont été avancés pour fonder ces campagnes de moralité? Dans le chapitre suivant, nous procédons à une analyse plus élaborée du discours de cette réforme morale afin de mieux comprendre ces initiatives et actions. C'est en citant les enjeux de sexualité, la protection de la jeunesse et la race de la nation que les réformateurs ont véhiculé leur message. Le prochain chapitre considère ces questions en détail.

Chapitre 2

Sexualité, protection de la jeunesse et promotion de la nation : une Sainte-Trinité au service de la censure

> *L'arme la plus dangereuse,*
> *c'est une plume dans une main sale.*
>
> Louis Veuillot[1]

AU PREMIER CHAPITRE, nous avons examiné la censure effectuée par les organismes religieux et les autorités municipales montréalaises. Les résultats présentés jusqu'ici témoignent d'un intérêt marqué pour l'interdiction des journaux jaunes à l'égard de leur marché et de leurs éléments populaires, mais nous n'avons pas encore considéré en détail les raisons morales de cette censure. Quels étaient les arguments utilisés pour justifier la prohibition de ces publications ? Sur quelle base le discours des personnes opposées à ces revues populaires était-il fondé ? Ce chapitre aborde ces questions en analysant trois axes importants autour desquels la

---

1. Louis Veuillot, « L'arme la plus dangereuse, c'est une plume dans une main sale », *L'Écho du Bas-Saint-Laurent*, février 1958, p. 7.

censure s'articulait : la sexualité, la jeunesse et la nation canadienne-française[2]. Afin de mieux comprendre les actes d'interdiction, nous aborderons ces thèmes de manière individuelle.

La sexualité et les journaux jaunes : « Véritable prostitution de la littérature[3] »

Un certain nombre d'auteures se sont penchées sur la question de la sexualité dans leurs recherches sur l'histoire du Québec. Comme le constate Isabelle Perreault, la conception que nous avons de notre passé est marquée par le moralisme catholique[4]. Certes, l'empreinte du catholicisme dans l'encadrement de la sexualité au Québec est facilement observable. Cela dit, nous devrions aussi examiner les nuances et les changements de ce discours au fil du temps. Ainsi, Isabelle Perreault démontre

---

2. Nous nous limitons ici à une considération des journaux jaunes. Pour une analyse plus globale des justifications des campagnes de moralité – comprenant la prostitution et les jeux illicites –, voir Mathieu Lapointe, *Nettoyer Montréal, op. cit.* Lapointe aborde également certains journaux jaunes plus explicitement (p. 156-161). Évidemment, il y a des parallèles entre les justifications idéologiques des actions menées dans les domaines de la censure de la presse populaire, la lutte contre la prostitution et les tentatives d'arrêter les jeux clandestins.

3. *L'Action catholique*, 8 juin 1955, p. 1.

4. Isabelle Perreault, « Morale catholique et genre féminin : La sexualité dissertée dans les manuels de sexualité maritale au Québec, 1930-1960 », *Revue d'histoire de l'Amérique française*, vol. 57, n° 4 (printemps 2004), p. 567-591.

comment le moralisme catholique des années 1940 a cédé le pas à un certain individualisme bien encadré par les autorités religieuses dans les années 1960[5]. Lorsqu'on examine la question de la censure plus largement, on ne peut que constater l'importance de la sexualité dans ce dossier. Selon Élise Salaün, ce serait précisément la sexualité – et sa représentation – qui serait en cause lorsque les censeurs prenaient pour cible un objet littéraire[6]. Yves Lever, spécialiste de l'histoire de la censure au Québec, soutient que la nudité féminine a été l'une des raisons ayant mené à la condamnation juridique de publications populaires américaines importées au Québec[7]. La thèse de Lever est évidente lorsqu'on considère la controverse sur la nudité parue dans la revue *Playboy*[8]. Un survol de quelques grands dossiers concernant des cas de censure au Québec – ceux des films *Après-ski*, *I, a Woman* et *Hiroshima, mon amour*, par exemple – révèle que la sexualité était un enjeu central pour justifier la censure[9]. Dans les années 1940, on a

---

5. *Ibid.*

6. Élise Salaün, «Érotisme littéraire et censure : La révolution cachée», *Voix et images*, 68, vol. 23, n° 2 (1998), p. 297-313.

7. Yves Lever, «Magazines avec illustrations» dans Pierre Hébert, Yves Lever et Kenneth Landry, dir., *Dictionnaire de la censure au Québec*, *op. cit.*, p. 430-432.

8. Voir Bureau de censure du Québec, dossier «Playboy» à l'usage de la presse, ANQ, Régie du cinéma, E188, boîte 250, 6510.

9. Une analyse plus détaillée de ces cas de censure se trouve dans Pierre Hébert, Yves Lever et Kenneth Landry, dir., *Dictionnaire de la censure au Québec*, *op. cit.* Le cas de *I, a Woman* est abordé également dans

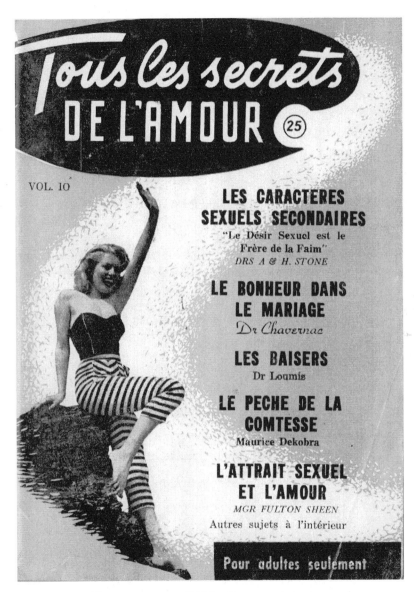

Tous les secrets
DE L'AMOUR (25)

VOL. 10

LES CARACTERES SEXUELS SECONDAIRES
"Le Désir Sexuel est le Frère de la Faim"
DRS A & H. STONE

LE BONHEUR DANS LE MARIAGE
Dr Chavernac

LES BAISERS
Dr Loumis

LE PECHE DE LA COMTESSE
Maurice Dekobra

L'ATTRAIT SEXUEL ET L'AMOUR
MGR FULTON SHEEN
Autres sujets à l'intérieur

Pour adultes seulement

Les réformateurs ont ciblé les journaux jaunes pour la censure à cause d'un contenu qui affichait ouvertement une sexualité libérée. *Tous les secrets de l'amour*, collection privée de Viviane Namaste.

également fait appel aux éléments pornographiques des bandes dessinées pour justifier leur interdiction[10]. Parmi les historiens de l'homosexualité au Québec, plusieurs en sont arrivés au même constat : la sexualité était une des raisons les plus fréquemment invoquées par la censure[11].

Nos recherches nous ont permis de corroborer le rôle central de la sexualité dans la censure au Québec. En ce qui concerne la culture populaire – facilement accessible à la population –, les autorités ont ciblé les journaux jaunes parce qu'ils représentaient de façon visuelle la sexualité. La rhétorique employée pour dénoncer ces publications tournait alors autour d'une sexualité conçue comme étant malsaine et dangereuse. Prenons quelques exemples. En 1955, *La Patrie*, annonçait le lancement d'une « campagne colombienne contre l'obscénité[12] ». La même année, cette fois dans *L'Action catholique*, le titre d'un article nous informait qu'une « véritable prostitution de la littérature[13] » existait. Au sujet des journaux jaunes,

---

André Guérin, « Québec et Occident », ANQ, Régie du cinéma, E188, boîte 250, 6430.

10. Janice Dickin McGinnis, « Bogeymen and the Law », *op. cit.*, p. 3-23.

11. Patrice Corriveau, *La répression des homosexuels au Québec et en France*, Québec, Septentrion, 2006, p. 119-125 ; Gary Kinsman et Patrizia Gentile, *The Canadian War on Queers : National Security as Sexual Regulation*. Vancouver, UBC Press, 2010.

12. « Campagne colombienne contre l'obscénité », *La Patrie*, 31 janvier 1955, p. 5.

13. *L'Action catholique*, 8 juin 1955, p. 1.

le maire de Montréal, Jean Drapeau, cité dans le même article, a parlé de «feuilles pornographiques[14]». Non seulement fallait-il, aux yeux de nombreux acteurs prônant la censure, désigner ces journaux comme étant de la pornographie, mais il fallait aussi expliciter l'influence néfaste qu'ils pourraient exercer sur les comportements. Autrement dit, on croyait que la lecture de ces publications pouvait *de facto* mener à des actes pervers et pornographiques. Cette logique est parfaitement illustrée par l'expression «feuilles fornicatrices[15]» utilisée dans *L'Écho du Bas-Saint-Laurent* pour désigner les journaux jaunes. Dans ce discours, les «feuilles» vont bien au-delà d'une description ou d'une représentation de la sexualité – elles incitent à une sexualité dévergondée.

Lors du lancement, en 1955, d'une campagne de censure contre la presse jaune, le maire Jean Drapeau a annoncé que «les jours des journaux sexuels sont comptés[16]». Sa déclaration est particulièrement intéressante, car elle définit la sexualité comme étant un mal *en soi*, une position idéologique n'étant possible qu'une fois bien établi le lien entre journaux jaunes, prostitution et actes sexuels dégradants.

La sexualité comme motivation de la censure est également bien illustrée dans le travail des associations religieuses. Les Ligues du Sacré-Cœur, par

---

14. *Ibid.*
15. *L'Écho du Bas-Saint-Laurent*, 24 novembre 1955.
16. *Le Devoir*, 31 janvier 1955.

exemple, proposaient qu'on suive, au Québec, des critères de censure similaires à ceux qui étaient prônés par une association américaine, la NODL :

> La NODL a condamné ces imprimés d'après les critères suivants : admission d'actes et de personnages répréhensibles, matière provocante pour l'appétit sexuel, amour illicite monté en épingle, illustrations indécentes ou suggestives, annonce de marchandise déshonnête, récits et illustrations des scènes d'horreur, de sadisme, mépris des institutions et de l'autorité. Les jugements de la NODL n'ont rien d'arbitraire[17].

Comme en témoigne la citation ci-dessus, la sexualité figurait au rang des principales justifications invoquées par les actes d'interdiction. À Rimouski, les réformateurs déploraient le caractère sexuel des journaux : « Plus le mouvement aura de l'ampleur, plus il y aura de chances de surmonter ce flot de reportages scabreux et de littérature à sexe et à crime qui nous inondent[18]. »

Nous devons également souligner le lien indissociable, dans le discours censorial, entre sexualité et culture populaire. À titre d'exemple, dans un mémoire présenté au Comité sénatorial sur la littérature

---

17. « La lutte contre la littérature immorale », Archives du Centre de recherche Lionel-Groulx, Ligues du Sacré-Cœur, P47/Q2, 3.

18. Madame Charles Demers, Le comité diocésain d'Action catholique, AAR, Secrétariat d'Action catholique de Rimouski, boîte 9, dossier J.A. Gagnon, Rimouski.

indécente, la Conférence catholique canadienne de l'épiscopat prenait bien soin de distinguer la littérature « sérieuse » et « éducative » de la culture de masse :

Les journaux jaunes offrent aux historiennes une occasion unique de mieux comprendre les loisirs et les activités dans la ville de Montréal dans les années d'après-guerre. Page couverture, *Montréal confidentiel*, 24 septembre 1960. Collection privée de Will Straw.

À notre avis, le terme « obscène » se prête facilement à une définition juridique convenable qui puisse faciliter sérieusement la suppression d'imprimés malsains qu'on cherche à faire passer pour des revues sérieuses, médicales, artistiques ou d'éducation sexuelle[19].

Les revues contenant des représentations de la sexualité étaient jugées malsaines et perçues comme une menace. Leur accessibilité représentait un enjeu central. Et comme l'a constaté Pierre Hébert, la censure proscriptive était soutenue par une censure prescriptive afin d'exercer un certain contrôle sur les termes mêmes du débat. Les recherches d'Isabelle Perreault démontrent que les autorités religieuses ont joué un rôle actif dans le domaine de l'éducation sexuelle : une initiative pour bien encadrer la discussion sur la sexualité[20]. Alors que Perreault examine surtout les manuels de sexualité maritale, nous soulignons ici l'importance de la part de l'Église de s'investir dans un tel domaine, surtout dans les années d'après-guerre. Ces tentatives pour encadrer une discussion sur la sexualité, bien évidente dans les manuels de sexualité maritale, étaient étroitement liées à l'émergence d'une nouvelle

---

19. Mémoire de la Conférence catholique canadienne de l'épiscopat au Comité sénatorial d'enquête sur la vente et la distribution de la littérature indécente, 13 avril 1953, Archives du Centre de recherche Lionel-Groulx, Comité de moralité publique, P47/N, 1.

20. Isabelle Perreault, « Morale catholique et genre féminin », *loc. cit.*

culture populaire et de ses propres représentations de la sexualité.

Une analyse détaillée des journaux jaunes de l'époque indique qu'ils véhiculaient des représentations sexuelles. Avec des titres comme *Flirt et potins*, *Tous les secrets de l'amour*, *Tabou* ou *Montréal confidentiel*, les éditeurs attiraient et fidélisaient leurs clientèles en leur garantissant un contenu à forte teneur sexuelle. Outre les titres racoleurs, ce sont les représentations visuelles de la sexualité, dans ces publications, qui étaient visées par les actes d'interdiction. Nous avons déjà constaté, au premier chapitre, les actions du conseiller Pierre Desmarais qui avait présenté à une réunion municipale des exemplaires de journaux jaunes afin d'illustrer l'étendue du vice et de la corruption à Montréal. C'était surtout l'aspect visuel de la sexualité qui était important dans la réglementation de ces publications. Comme nous le verrons au troisième chapitre, la représentation visuelle d'une sexualité jugée malsaine justifiait des règlements municipaux ainsi qu'un article du Code criminel canadien visant à censurer la presse jaune. Quant à la loi provinciale, elle précisait qu'une publication devait contenir une représentation visuelle pour être jugée obscène. Dans tous les cas, c'était l'aspect visuel de la sexualité qui informait les cadres réglementaires et qui déterminait ainsi les paramètres de la censure.

Pour résumer, la sexualité représentée dans les journaux jaunes justifiait leur censure. Ce sont d'ailleurs les représentations de la sexualité dans ces journaux qui amènent les historiennes lesbiennes et gaies à les analyser afin de mieux comprendre l'histoire des minorités sexuelles au

Le contenu des journaux jaunes mettait l'accent sur la sexualité. (Couverture *Jour et nuit*, 4 mai 1957). Collection privée de Will Straw.

Québec[21]. Mais la sexualité n'a pas été l'unique élément utilisé pour fonder l'interdiction de ces publications. En effet, le discours de la censure des journaux jaunes faisait aussi appel à la jeunesse et à sa protection.

« Ces feuilles qui sont la perdition de la jeunesse[22] » (Jean Drapeau)

Le ciblage des journaux jaunes à l'intérieur des pratiques censoriales de l'après-guerre était motivé par un idéal de protection de la jeunesse. Cela confirme les travaux d'autres chercheurs, qui démontrent que les campagnes de moralité au Québec se justifiaient par l'idée de protéger la jeunesse québécoise d'un dévergondage[23]. Nos recherches révèlent que cinq éléments étaient particulièrement essentiels à ce travail : 1) la prévention de la délinquance ; 2) des recherches et des actions destinées à mieux comprendre le problème ; 3) une censure prescriptive visant à promouvoir la littérature saine auprès du jeune public ; 4) des initiatives

---

21. Ross Higgins et Line Chamberland, « Mixed Messages : Lesbians, Gay Men, and the Yellow Press in Québec and Ontario during the 1950s-1960s », dans Ian McKay, *The Challenge of Modernity : A Reader on Post-Confederation Canada*, ed., Toronto, McGraw-Hill Ryerson, p. 421-438.

22. Cité dans *Le Devoir*, 31 janvier 1955.

23. Voir par exemple Mathieu Lapointe, *Nettoyer Montréal, op. cit.*, p. 278-285.

entreprises par les jeunes eux-mêmes et encensées par les autorités religieuses et 5) des actions de la Ville de Montréal pour lutter contre la diffusion de ces journaux auprès des jeunes. Nous analyserons ces cinq éléments afin de mieux comprendre comment la censure de la presse populaire était intimement liée à la jeunesse et à sa préservation.

La délinquance occupe une grande place dans les recherches sur la jeunesse au Québec. Les historiennes ont démontré comment l'État avait pu construire une délinquance juvénile. Andrée Lévesque, par exemple, se penche sur le cas des jeunes femmes qui utilisaient la contraception, sur la situation des jeunes filles ayant eu des enfants hors mariage et sur celle des délinquantes prostituées[24]. Tamara Myers, quant à elle, analyse la place des jeunes délinquantes devant les tribunaux à Montréal et Sylvie Ménard, de son côté, étudie la surveillance des délinquants en milieu carcéral[25]. Les études sur la jeunesse au Québec mettent en évidence la place centrale accordée à la délinquance. En invoquant la protection des jeunes, la censure des journaux jaunes s'inscrivait dans le même contexte. Cette notion de protection est présente dans le discours du comité

---

24. Andrée Lévesque, *La norme et les déviantes. Des femmes au Québec pendant l'entre-deux-guerres*, Montréal, Boréal, 1989.

25. Tamara Myers, *Caught Looking: Montréal's Modern Girls and the Law, 1859-1945*, Toronto, University of Toronto Press, 2006; Sylvie Ménard, *Des enfants sous surveillance. La rééducation des jeunes délinquants au Québec (1840-1950)*, Montréal, VLB éditeur, 2003.

spécial d'étude sur la littérature obscène de la Ville de Montréal :

> [...] the problem which has been laid before this Committee was firstly the protection of our youth which was threatened by grave dangers through indecent publications and filthy journals[26].

Pour les religieux, il ne suffisait pas d'encadrer la délinquance à la cour ou en milieu carcéral ; il fallait agir en amont pour s'assurer que les jeunes ne deviennent pas corrompus. Un discours prononcé en 1958 par le cardinal Léger témoigne de ce lien entre la censure et la protection de la jeunesse :

> Les Clubs Richelieu ont toujours proclamé bien haut leur idéal et leur raison d'être : réhabiliter la jeunesse délinquante. Ne croyez-vous pas, messieurs, que l'heure est venue de prévenir la délinquance des jeunes ? Chaque jour les manchettes des journaux contiennent la relation de plusieurs crimes commis par les jeunes. Demandez-leur où ils ont appris leur métier de cambrioleurs ou d'incendiaires ; cherchez dans quels livres ils ont appris le viol ; essayez de découvrir le mobile de leurs crimes et la réponse sera toujours identique : je suis devenu délinquant après

---

26. Procès-verbal, Committee appointed to study the steps to be taken to prevent the dissemination of obscene literature in Montréal, June 4, 1958, p. 1, Archives de la Ville de Montréal.

avoir assisté à un tel spectacle, ou après avoir lu telle feuille à sensation, et mon éducation dans ce domaine s'est terminée dans un débit de boissons[27].

Quatre ans plus tôt, le cardinal Léger tenait le même discours en déclarant que la presse donne l'exemple aux jeunes : « Et presque toujours l'enquête dévoile qu'ils avaient essayé d'imiter les mœurs des tristes personnages des "comics" qui circulaient par la bande[28]. » Le concept de lien causal direct entre la représentation et l'action justifie la censure. En effet, outre les journaux jaunes, une censure ciblée et concertée de la littérature jeunesse en général a été documentée[29].

Les autorités voulaient non seulement dénoncer le rôle joué par la presse jaune – « ces feuilles scandaleuses » – dans le dévergondage de la jeunesse, mais souhaitaient aussi dresser, à l'aide d'études et de recherches, un inventaire de l'ampleur du phénomène. À titre d'exemple, prenons un sondage réalisé par la Jeunesse ouvrière catholique (JOC) sur les activités, les loisirs, la vie sentimentale et les valeurs des jeunes de l'époque[30]. Destiné aux jeunes de 17 à

---

27. Cardinal Léger, Allocution au Club Richelieu-Montréal, 9 janvier 1958, AAR, A-20, dossier Littérature obscène.

28. *L'Action catholique*, 11e année, n° 7 (mars 1955), p. 341.

29. Suzanne Pouliot, « Le discours censorial sur la littérature de jeunesse québécoise de 1900 à 1960 », *Présence francophone*, vol. 51 (1997), p. 23-45.

30. Pour une analyse détaillée de la JOC, voir Louise Bienvenue, *Quand la jeunesse entre en scène. L'action catholique avant la Révolution*

La protection de la jeunesse était un argument central pour justifier la censure des journaux jaunes. Illustration de la couverture, Gérard Tessier, *Face à l'imprimé obscène*.

25 ans, le sondage était distribué à 4 000 exemplaires dans 177 paroisses. Quelque 3 875 questionnaires d'enquête étaient éventuellement retenus à des fins d'analyse[31]. Les résultats rapportés confirmaient les craintes des autorités religieuses. Le sondage semblait en effet démontrer que le monde du travail était un environnement « rempli de sensualité » et que la télévision « rabaisse l'amour ». On a constaté la démission générale des parents : « Pire encore, 21 % des garçons sondés disent ne plus croire à l'amour[32] ! » Plus précisément en lien avec les journaux jaunes, l'étude a révélé que le partage et l'échange de telles publications était une pratique assez répandue. Le pourcentage de répondants ayant déjà échangé des revues jaunes s'élevait à 54,5 % chez les garçons de 14 à 17 ans et à 49,1 % chez les hommes de 18 à 25 ans[33]. La JOC établissait donc un lien très fort entre la presse jaune et les jeunes dont elle résumait ainsi la situation : « La société se trouve en face d'une génération de jeunes émotivement désaxés. Le mot peut paraître brutal, mais il décrit une réalité tout aussi brutale[34]. » Soulignons que la nature même de la démarche entreprise – un sondage à grande

---

tranquille, Montréal, Boréal, 2003, et Lucie Piché, *Femmes et changement social au Québec : l'apport de la Jeunesse ouvrière catholique féminine, 1931-1966*, Québec, Presses universitaires de l'Université Laval, 2003.

31. Résultat d'un sondage de la JOC de Montréal sur la vie sentimentale, ANQ, Régie du cinéma, E188, boîte 250.

32. *Ibid.*

33. *Ibid.*

34. *Ibid.*

échelle vraisemblablement exécuté selon une approche scientifique – donnait une impression de fiabilité à l'égard des résultats et de leur interprétation. Les religieux se sont donc investis corps et âme dans le développement de méthodes de recherches scientifiques et dans la collecte de données empiriques pouvant servir d'assise à leurs campagnes de réforme. Les enquêtes de terrain menées dans les cabarets de Montréal pendant les années 1940 – enquêtes où l'on a documenté certaines infractions reliées à l'alcool, à l'absence de permis, au non-respect des lois ou à la prostitution sur place – s'inscrivaient dans le même cadre stratégique qui visait à mobiliser la science pour préserver la moralité[35].

Comme le souligne Pierre Hébert, expert de l'histoire de la censure au Québec, il faut comprendre la censure au-delà de l'interdiction[36]. En effet, la censure prescriptive était un élément central du programme de réforme morale au Québec. Extraits d'une réunion régionale d'étude sur cette question, les propos cités ci-dessous témoignent bien de l'existence d'une censure prescriptive propre au cas des jeunes :

---

35. Voir les données recueillies par les membres du CMP sur les bars et les restaurants dans les années 1940, Centre de recherche Lionel-Groulx, Fonds du Comité de moralité publique, P47/H, 6. Voir également le travail de la Ligue du Sacré-Cœur dans ce domaine, Centre de recherche Lionel-Groulx, Fonds Patenaude, Ligues du Sacré-Cœur, P30/12:33, P30/12:37, P30/12:39, P30/12:40 et surtout P30/12:41.

36. Pierre Hébert avec la collaboration de Patrick Nicol, *Censure et littérature au Québec. Le livre crucifié, op. cit.*

Q : Pour quelles raisons faut-il développer chez les enfants le goût de la bonne lecture ?

R : Pour la formation morale et intellectuelle de l'enfant. Les bons illustrés sont le point de départ chez les jeunes de l'orientation vers la bonne lecture. Le goût de la bonne lecture est la meilleure médecine préventive contre la mauvaise littérature[37].

Pour plusieurs, prescrire une bonne littérature aux jeunes nécessitait qu'ils aient d'abord accès, surtout en région, à des bibliothèques[38]. Pour d'autres, c'était aux pères et aux mères de famille qu'incombait la responsabilité morale de lutter contre les publications malsaines et de promouvoir la bonne lecture chez leurs enfants. La Ligue ouvrière catholique, par exemple, interpellait dès 1955 les parents à s'engager dans cette lutte[39]. Et dans un mémoire présenté au conseil municipal de Sherbrooke, un regroupement d'associations centrées sur la famille a souligné :

---

37. Réunions régionales d'étude de 1961, rapport questionnaire de réponse ; AAR, Secrétariat d'action catholique de Rimouski, boîte 2, dossier 255.01, Ligues du Sacré-Cœur.

38. « La lecture chez les jeunes. M. Antonio Marquis soulève ce problème », *L'Action catholique*, 29 janvier 1955, p. 5.

39. « Un appel aux parents à la lutte contre la littérature obscène », *La Patrie*, 9 avril 1955, p. 33.

[...] leur collaboration aux autorités de la ville pour mener à bonne fin «la campagne énergique qui s'impose», ils ont affirmé que les pères et les mères de famille de Sherbrooke veulent à tout prix sauver leurs enfants du fléau grandissant des publications dangereuses[40].

Des affiches destinées aux parents, et arborant des slogans tels que «Parents, c'est à vous de choisir» ou «Choisissez ce qui lui convient», renforçaient le message sur l'importance d'une lecture saine et bien choisie pour les jeunes[41]. Le programme de la censure prescriptive s'alignait parfaitement sur une approche plus globale de la protection de l'enfant. Au Bureau de la prévention de la délinquance de Montréal, on constatait la pertinence de travailler dans un tel cadre :

> [...] il faut adopter une attitude positive. C'est ainsi que l'on doit dire à un enfant pourquoi l'on doit observer la loi qui, d'ailleurs, ne vise pas tant à punir qu'à prévenir, à protéger[42].

---

40. «Pères et mères de famille de Sherbrooke veulent sauver leurs enfants du fléau des publications dangereuses»; AAR, Fédération diocésain des Ligues du Sacré-Cœur – Rimouski, boîte 2, dossier Ligues du Sacré-Cœur – littérature obscène, sans date.

41. AAR, Fédération diocésaine des ligues du Sacré-Cœur de Rimouski, boîte 2, dossier LSC – Littérature obscène.

42. «L'évolution du Bureau de la prévention de la délinquance», *Montréal-Matin*, 11 mars 1952.

Des mesures prescriptives et de protection incluaient la recommandation de bonnes lectures et même de bons clubs de loisirs. En effet, la diminution de la délinquance juvénile, pendant les années 1940, 1950 et 1960, était attribuée aux clubs de loisirs, aux équipes de sports et aux activités organisées pour les jeunes[43]. La réforme morale au Québec était également fondée sur une censure prescriptive en matière de littérature jeunesse[44].

Certaines initiatives entreprises par les jeunes eux-mêmes complétaient une censure axée sur la prévention de la délinquance et la protection de la jeunesse. Les actions du Syndicat étudiant indépendant, une association regroupant plus de 120 membres, fournissent un exemple parfait de la

43. « Youth Meeting Told Purpose of Police Juvenile Clubs », *Montréal Star*, 15 mars 1949 ; « Delinquency Prevention », *The Municipal Review of Canada*, mars 1949 ; « Essor considérable des Clubs juvéniles de la police », *Le Devoir*, 21 avril 1950 ; « Nos policiers ont organisé les loisirs des citoyens de demain », *Le Petit Journal*, 21 janvier 1951 ; « Bureau Chief Cites City Improvement », *Montréal Star*, February 2, 1956 ; « Comment opère à Montréal le Bureau préventif de la délinquance juvénile », *Le Devoir*, 20 septembre 1952 ; « Dirigeants des Clubs juvéniles », *La Presse*, 26 avril 1957 ; « L'intervention de la police n'est pas l'unique remède à la criminalité chez les jeunes », *La Presse*, 25 novembre 1965 ; « Delinquency Fight Pays Off », *Montréal Star*, December 14, 1966 ; « Education Combats Juvenile Delinquency », *Montréal Gazette*, February 28, 1967 ; « La guerre à la délinquance n'a pas été vaine à Montréal », *Montréal-Matin*, 11 juillet 1968. Toutes ces sources se trouvent dans le dossier Aide à la jeunesse, Archives de la Ville de Montréal.

44. Voir également Suzanne Pouliot, « Le discours censorial sur la littérature de jeunesse québécoise de 1900 à 1960 », *Présence francophone*, vol. 51 (1997), p. 23-45.

La censure ne se limitait pas à l'interdiction, une censure de prescription existait également dans les années d'après-guerre. Ici, une affiche destinée aux parents pour les encourager à lire de la bonne littérature. Une telle initiative visait à protéger la jeunesse pour promouvoir une culture morale. AAR, Fonds Fédération diocésaine des ligues du Sacré-Cœur de Rimouski, boîte 2, dossier Ligues du Sacré-Cœur – Littérature obscène.

participation des jeunes aux campagnes censoriales. Ces jeunes visitaient les vendeurs de journaux et leur demandaient précisément de ne plus vendre de littérature malsaine. En plus de ce travail de négociation, on a brûlé des journaux jaunes afin de démontrer l'intolérance des jeunes à l'égard de cette culture. Voici les mots d'un représentant du syndicat à ce sujet : « Notre feu de joie sera donc avant tout un feu symbolique qui servira à prouver à tous l'indignation des jeunes envers les publications ordurières dénoncées par Son Éminence[45]. » Évidemment, les autorités religieuses ont approuvé une telle action symbolique liant la censure et la jeunesse, car il s'agissait d'une initiative hautement visible par tout le monde.

En dernier lieu, concernant les jeunes, plusieurs actions entreprises par la Ville de Montréal avaient pour but de censurer les journaux jaunes dans la métropole. À titre d'exemple, le Bureau de la jeunesse, établi en 1946 et associé au service de police de Montréal, visait à prévenir la délinquance juvénile par des activités de sensibilisation et par la surveillance dans les endroits fréquentés par les jeunes[46]. Le capitaine Pelletier a ainsi réclamé une réduction de la délinquance de 50 % dans les années 1940 grâce à

---

45. « Feu de joie de journaux jaunes, à la place d'Armes », *Le Petit Journal*, 15 mars 1958.

46. « Bureau Chief Cites City Improvement », *The Montréal Star*, February 2nd, 1956, dossier Aide à la jeunesse, Archives de la Ville de Montréal.

ce bureau et à son personnel de 65 membres[47]. Bien au-delà d'une simple répression ou prohibition de la délinquance, la Ville de Montréal, par l'entremise de son service de police, faisait la promotion des Clubs juvéniles afin d'offrir des loisirs aux jeunes[48]. Le succès d'une telle initiative a été annoncé dès le début des années 1950 lorsqu'on a atteint, selon les chiffres, 60 000 jeunes membres de ces clubs[49]. Les statistiques mentionnaient également que ces derniers avaient bénéficié à plus de 186 000 enfants montréalais[50]. Si le sujet des Clubs juvéniles a été abordé, comme nous le soulignons, surtout au début des années 1950, nous remarquons qu'il a réapparu au milieu des années 1960 dans les discussions publiques sur la délinquance juvénile. Ainsi, en 1965, le directeur de la police a mis en évidence l'importance de la répression et de la prévention, citant les clubs comme un élément déterminant dans cette lutte[51]. Entre 1966

---

47. Captian Pelletier, « Delinquency Prevention », *The Municipal Review of Canada*, mars 1949, dossier Aide à la jeunesse, Archives de la Ville de Montréal.

48. « Youth Marketing Told Purpose of Police Juvenile Clubs », *Montréal Star*, 15 mars 1949 ; « Essor considérable des Clubs juvéniles de la police », *Le Devoir*, 21 avril 1950, dossier Aide à la jeunesse, Archives de la Ville de Montréal.

49. « Nos policiers ont organisé les loisirs des citoyens de demain », *Le Petit Journal*, 21 janvier 1951, dossier Aide à la jeunesse, Archives de la Ville de Montréal.

50. Capitaine Pelletier cité dans *Le Devoir*, 20 septembre 1952, dossier Aide à la jeunesse, Archives de la Ville de Montréal.

51. « Le directeur Gilbert souligne que la police ne peut affronter seule la délinquance juvénile », *Le Devoir,* 25 novembre 1965 ; « L'intervention de la police n'est pas l'unique remède à la criminalité

et 1969, on a crié victoire avec cette approche en s'appuyant sur des statistiques illustrant une baisse du taux de délinquance juvénile[52]. L'investissement de la Ville dans ces actions renforçait un lien idéologique avec la protection de la jeunesse : les clubs de loisirs offraient ainsi une occasion aux jeunes de s'amuser dans un climat moral et empêchaient de ce fait qu'ils soient tentés par la lecture des journaux jaunes, représentation incarnée de la corruption de l'époque.

En résumé, la prévention de la délinquance, les recherches et les actions destinées à mieux comprendre la problématique, la censure proscriptive qui visait à encourager la littérature saine destinée

---

chez les jeunes», *La Presse*, 25 novembre 1965, dossier Aide à la jeunesse, Archives de la Ville de Montréal.

52. «Delinquency Fight Pays Off », *Montréal Star*, December 14, 1966; «Education Combats Juvenile Delinquency», *Montréal Gazette*, February 28, 1967; «La guerre à la délinquance n'a pas été vaine à Montréal», *Montréal-Matin*, 11 juillet 1968; «La police de Montréal connaît un succès complet avec son nouveau système d'unité préventive de la délinquance juvénile», *Dimanche-Matin*, 24 septembre 1967; «L'expérience-pilote de l'Unité préventive», *La Presse*, 6 décembre 1967; «Nouvelle section à la police de Montréal : l'aide à la jeunesse», *Dimanche/Dernière Heure*, 24 mars 1968; «Tentatives d'un heureux dialogue entre les policiers et les jeunes», *La Presse*, 13 septembre 1968; «Initiative de Montréal qui devrait être imitée à travers la province», *La Revue municipale*, janvier 1969; «Depuis plus de 3 ans, la criminalité juvénile a baissé de 20 pour 100», *Le Petit Journal*, semaine du 20 juillet 1969; «Le policier-éducateur sera bientôt dans toutes les écoles», *Québec-Presse*, 7 décembre 1969; «La section de l'aide à la jeunesse de la police de Montréal accomplit un travail nécessaire», *Cités et villes*, avril 1969. Tous ces articles peuvent être consultés aux Archives de la Ville de Montréal, dossier Aide à la jeunesse.

à un public de jeunes, les initiatives entreprises par les jeunes eux-mêmes et encensées par les autorités religieuses et les actions de la Ville de Montréal concernant les jeunes et les loisirs expliquent, chacun à leur manière, comment la censure des journaux jaunes se soudait à la protection de la jeunesse. Le cardinal Léger souligne, dans un discours, l'importance capitale de la protection de la jeunesse :

> Il ne suffit pas de protéger l'enfance contre les embûches d'une société égoïste et féroce, mais il faut à tout prix défendre l'âme de nos enfants contre tous les pourrisseurs, quels qu'ils soient[53].

Si le concept de la jeunesse motivait la censure de la culture populaire à Montréal, il faudrait préciser qu'une telle stratégie faisait partie d'un discours plus large concernant l'avenir du Québec et de la « race canadienne-française ». Ainsi, la censure des journaux jaunes se justifiait non seulement en relation avec la sexualité et la jeunesse, mais aussi envers la nation elle-même. La prochaine section de ce chapitre aborde cet aspect de l'interdiction de la culture.

---

53. Discours du cardinal Léger, Club Richelieu de Montréal, 3 février 1954, *L'Action catholique*, vol. 11, nº 7 (mars 1955), p. 341 ; également disponible aux AAR, Fédération diocésaine des ligues du Sacré-Cœur de Rimouski, boîte 2, dossier Affaires courantes.

« La déchéance temporelle et spirituelle de la nation[54] » (Jean Drapeau)

L'évolution de la société québécoise dans les années d'après-guerre impliquait une certaine vision du peuple canadien-français. Les historiennes ont démontré jusqu'à quel point l'idéologie du peuple canadien-français a été centrale pour le nationalisme québécois. Par exemple, Esther Delisle expose dans son œuvre les racines antisémites et fascistes de certains leaders au Québec, les liens étroits avec l'extrême droite en Europe pendant les années 1930, de même que l'image idéalisée de cette jeune nation québécoise et de ses habitants[55]. Elle analyse le rôle de la culture dans un tel discours – la promotion des « romans de la terre » – pour célébrer les racines campagnardes du peuple et pour servir de mise en garde contre un multiculturalisme dangereux. Elle signale également que les journaux chrétiens visaient à promouvoir une bonne moralité au sein de la société.

Les propos de Delisle sont appuyés par d'autres chercheurs. Ainsi, Martin Pâquet montre bien

---

54. Jean Drapeau, « Gardiens de nos frères ? », *op. cit.*, p. 15.

55. Esther Delisle, *Le Traître et le juif, Lionel Groulx, Le Devoir et le délire du nationalisme d'extrême droite dans la province du Québec 1929-1939*, Outremont, L'Étincelle, 1992 ; Esther Delisle, *Mythes, mémoire et mensonges, L'intelligentsia du Québec devant la tentation fasciste, 1939-1960*, Montréal, Éditions Robert Davies, 1998 ; Esther Delisle, *Essai sur l'imprégnation fasciste au Québec*, Montréal, Éditions Varia, 2003.

comment l'immigration excluait les personnes « de mauvaises mœurs », comme les criminels, les minorités sexuelles, les alcooliques et les gens atteints de maladie vénérienne[56]. Dans un autre registre, Andrée Lévesque examine comment les femmes qui déviaient de l'image idéale de la femme devenaient marginales, ce qui l'amène à s'interroger sur la conception idéalisée des femmes au sein de la société québécoise[57]. Ces propos font écho à l'analyse que fait Nancy Christie de la domination des femmes dans un processus de socialisation et de ses répercussions sur un projet nationaliste et sociétal plus large[58]. Des historiennes de la masculinité au Québec constatent un processus semblable, dans lequel certaines visions de la masculinité étaient véhiculées pour propager une idéologie nationaliste[59].

Les cas de justice, selon Tamara Myers, reflètent non seulement le traitement des individus devant la cour, mais en même temps l'état de la nation. Ainsi, Myers analyse le traitement des jeunes déviantes devant la loi et leur punition au nom de la violation

---

56. Martin Pâquet, *Tracer les marges de la cité : Étranger, immigrant et État au Québec, 1627-1981*, Montréal, Boréal, 2005, p. 145-149.

57. Andrée Lévesque, *La norme et les déviantes, op. cit.*

58. Nancy Christie, ed., *Households of Faith : Family, Gender and Community in Canada, 1760-1969*, Montréal et Kingston, McGill-Queen's University Press, 2002.

59. Jean-Philippe Warren, « Un parti pris sexuel. Sexualité et masculinité dans la revue *Parti pris* », *Globe. Revue internationale d'études québécoises*, vol. 12, n° 2 (2009), p. 129-157.

d'une vision chrétienne de la société[60]. Toujours dans le domaine de la délinquance juvénile, Sylvie Ménard étudie les actions des réformateurs qui, eux, luttaient pour la formation de la conscience de ces jeunes[61].

Ces luttes concernant la conscience collective au Québec occupaient donc une place importante dans plusieurs domaines. Nicole Thivierge, par exemple, démontre en quoi le travail réalisé par les écoles ménagères a été lié à un projet idéologique contre la modernisation au Québec[62]. Lucie Pichet, de façon parallèle, met en évidence comment les actions de la JOC féminine visaient à améliorer la nation québécoise[63].

Toutes ces études (et bien d'autres encore) soulignent plusieurs éléments importants pour nos réflexions : la réforme morale au Québec se justifiait par un discours de la nation saine ; la punition des déviants et des criminels s'effectuait au nom du non-respect des images et des valeurs de ladite nation (surtout en ce qui concerne les femmes) ; la culture était primordiale d'un côté, pour promouvoir les bonnes mœurs (dans le cas de la littérature chrétienne) et, de l'autre, pour l'interdire à cause de

---

60. Tamara Myers, *Caught : Montréal's Modern Girls and the Law*, *op. cit.*

61. Sylvie Ménard, *Des enfants sous surveillance*, *op. cit.*

62. Nicole Thivierge, *Écoles ménagères et instituts familiaux : Un modèle féminin traditionnel*, Québec, IQRC, 1982.

63. Lucie Piché, *Femmes et changements au Québec*, *op. cit.*

Un discours religieux liait la moralité et la nation, comme en témoigne cette affiche interdisant le blasphème au nom de la patrie. La censure des journaux jaunes se faisait au nom de la protection, et parfois de la supériorité, de la race canadienne-française. BAnQ, Centre de recherche Lionel-Groulx, P30/12.32.

son contenu scandaleux. Les historiennes constatent un lien étroit entre la nation et la culture de cette manière. Par ailleurs, il faut noter que les études historiques faites au Canada anglais ont également démontré cette réciprocité entre la culture et un projet nationaliste[64].

64. Voir, par exemple, Mary Louise Adams, *The Trouble with Normal : Post-war Youth and the Making of Heterosexuality*, Toronto, University of Toronto Press, 1997 ; Élise Chenier, *Strangers in Our Midst : Sexual Deviance in Postwar Ontario*, Toronto, University of Toronto Press, 2008 ; Gary Kinsman et Patrizia Gentile, *The Canadian War on Queers :* National

Notre analyse de la censure des journaux jaunes confirme donc la pertinence d'un cadre qui tienne compte des enjeux de la nation dans la réglementation de la culture. Nous nous attardons ici sur plusieurs thèmes, dont la moralité publique, une certaine conception de la race canadienne-française, le rôle d'un journal au sein d'une nation et l'importance d'agir à l'échelle de la province.

La moralité publique et la nation

Aux yeux de leurs opposants, les journaux jaunes représentaient un peuple corrompu, une nation pourrie, comme l'illustre l'auteur d'une lettre publiée dans *Le Devoir* à ce sujet :

> Vous me direz peut-être que les exemples qui suivront de la littérature obscène sont des cas isolés, soit. Cependant, je suis certain qu'ils témoignent de la moralité maladive de notre population québécoise, ils en sont le pouls bien faible[65].

Security as Sexual Regulation, Vancouver, UBC Press, 2010 ; Carolyn Strange et Tina Loo, *Making Good : Law and Moral Regulation in Canada, 1867-1939*, Toronto, University of Toronto Press, 1997 ; Mariana Valverde, *The Age of Light, Soap and Water : Moral Reform in English Canada, 1885-1925*, Toronto, McLelland and Stewart, 1991.

65. Lettre de Jacques Marcil, « Épuration journalistique », *Le Devoir*, 12 février 1958.

La référence au « pouls », qui évoque ici un registre médical, n'est pas insignifiante. En effet, les métaphores médicales étaient souvent employées par ceux et celles qui luttaient contre cette presse populaire. Certains associaient les journaux à un poison qui rendait malade la nation elle-même :

> Nous voudrions avoir des renseignements précis du côté des mauvaises littératures pour pouvoir lancer une campagne diocésaine qui, espérons-le, sera le commencement d'une lutte soutenue contre ce venin qui glisse actuellement partout. Nous aurons des affiches à vous fournir[66].

D'autres allaient encore plus loin dans ce registre, disant que les journaux jaunes représentaient une source de contamination de la pureté du peuple (surtout des jeunes) :

> L'autorité civile n'hésite pas à restreindre la liberté de mouvement d'un citoyen atteint de maladie contagieuse. Il importe, n'est-ce pas ? De protéger la santé publique. Que fait-on pour préserver la santé morale des enfants contre la peste de l'immoralité[67] ?

---

66. Lettre de Wilfred Blanchet, aumônier diocésain, 24 mai 1956, AAR, Fédération diocésaine des ligues du Sacré-Cœur.

67. « Croisade contre l'obscénité », *Relations*, mai 1955, p. 1.

Toujours dans le même registre médical, le titre d'un article a décrit les journaux jaunes et l'alcoolisme comme « deux chancres qui minent notre société[68] ». Finalement, citons le très célèbre Pax Plante sur la question du vice qu'il associait à un cancer rongeant le corps politique :

> As the argument often goes in Montréal : *We can tolerate a certain amount of vice – within reason, of course – because it makes the city more interesting and helps the tourist trade.* The trouble is that a little corruption, like a little cancer, quickly grows and spreads, sapping vigor from the whole body politic. By the time people become sufficiently alarmed to do something about it, it may be too late[69].

L'utilisation de métaphores médicales, bien apparente dans les exemples ci-dessus, était une stratégie argumentative qui associait les journaux à une maladie mortelle dans le but de mieux surveiller leur distribution. À l'image d'un cancer qui doit être enrayé du corps d'un individu, la solution proposée visait à éradiquer cette menace du corps politique de la nation.

---

68. *Le Devoir*, 11 mars 1958.

69. Pax Plante with David McDonald, « How the Underworld Fights Its Foes », *Montréal Star Weekly Magazine*, July 15, 1961 ; les italiques étaient dans le texte original.

« *Une noble race[70]* »

La vision moralisatrice d'une nation épurée de ses éléments infâmes comme les journaux jaunes était fondée sur une conception de la force de la race canadienne-française. Un discours du cardinal Léger nous donne le contexte pertinent pour illustrer cet argument idéologique :

> Aider un peuple à rester fidèle à ses origines ethniques dans le respect de la religion et de la dignité de sa vie terrestre ; s'unir pour charpenter des cadres qui sauvegardent une destinée digne des héros qui ont buriné l'histoire d'une noble race ; s'entraîner à donner de soi, à mettre de l'amour dans chacun des instants du temps qui échappe, voilà qui reprend, certes, le programme évangélique, l'esprit de l'Église elle-même[71].

Nous reconnaissons ici le discours « terrestre » des religieux au Québec et la promotion implicite des romans de la terre. Le lien entre l'ethnicité d'un peuple et la culture est encore plus évident dans un discours prononcé par le maire Jean Drapeau. Le contexte donné est celui des loisirs qui transformaient le peuple :

---

70. Discours du cardinal Léger cité dans « Le maire Drapeau lance un appel au clergé pour combattre ces journaux », *La Patrie*, 10 septembre 1956, p. 4.

71. *Ibid.*

Car, à l'heure actuelle et demain bien plus encore, un système de loisirs qui dégagerait dans l'ensemble une note immorale, ou même simplement amorale, porterait les risques d'abaissement de tout un peuple, marquerait la déchéance des générations entières[72].

M. Drapeau a poursuivi en soulignant l'importance de la censure des journaux jaunes pour sauvegarder l'âme morale de la nation :

Dans la mesure où nous croyons à l'avenir de notre groupe ethnique, dans la mesure où nous admettons qu'il n'y a pour lui d'autre chemin vers la grandeur que la fidélité à sa vocation de qualité, nous devons entreprendre une action coordonnée et incessante pour supprimer tout ce qui tend à écarter les nôtres de leur seule voie de salut et de progrès[73].

Les propos du maire Drapeau semblent assez clairs, mais une rhétorique encore plus forte était employée par certains des acteurs engagés dans ce débat. Pour eux, la censure des journaux jaunes était une tactique pour élever la race canadienne-française :

La situation est si grave qu'une réaction s'impose. Cette réaction sera fructueuse en autant que tous et chacun, convaincus qu'il n'y a pas de poison plus actif

---

72. Jean Drapeau, « Gardiens de nos frères ? », *loc. cit.*, p. 9.
73. *Ibid.*, p. 13.

et plus durable qu'un mauvais livre, se donneront la main pour tuer cette littérature obscène.

C'est à cette condition – et seulement à cette condition – que notre race pourra avoir une élite aux convictions solides qui la hissera vers la supériorité[74].

La vision énoncée dans la citation ci-dessus corrobore les réflexions sur la promotion d'une culture dite saine et le rôle central de la race. L'analyse offerte par Esther Delisle nous invite à considérer l'appel aux romans de la terre dans le service d'un projet plutôt idéologique pour promouvoir la supériorité de la race canadienne-française[75]. D'autres chercheurs élaborent davantage cette idée. Dans son examen de la race au sein de la littérature québécoise, Corrie Scott offre une analyse historique du concept même de la race canadienne-française. Elle démontre comment cette idée a été utilisée par lord Durham (notamment dans la publication du rapport Durham en 1839[76]) afin de distinguer la race des

---

74. « Tribune libre – campagne contre la littérature obscène », *L'Écho du Bas-Saint-Laurent*, 7 avril 1955, p. 37.

75. Esther Delisle, *Le Traître et le juif, op. cit.* ; Esther Delisle, *Mythes, mémoire et mensonges, op. cit.* ; Esther Delisle, *Essai sur l'imprégnation fasciste au Québec, op. cit.*

76. Ce rapport visait à examiner les fondements des rébellions patriotes ; voir Corrie Scott, « Une race qui ne sait pas mourir. Une analyse de la race dans plusieurs textes littéraires québécois », Thèse doctorale, Département d'études françaises, Université de Toronto, 2011, p. 15. Une version publiée de ce travail existe également, Corrie Scott, *De Groulx à Laferrière. Un parcours de la race dans la littérature québécoise*, Montréal, XYZ éditeur, 2014.

personnes d'origine française de celle des personnes d'origine anglo-saxonne, la dernière étant plus civilisée et plus avancée[77]. Le même discours de la race a été invoqué par des personnes d'origine française par la suite, afin de promouvoir la race canadienne-française. Scott cite le travail littéraire de l'abbé Lionel Groulx à cet égard, notamment son roman *L'Appel de la race*:

> Si Durham brosse un tableau des Canadiens français comme étant rétrogrades et paresseux, Groulx repeint l'image. Ce faisant, Groulx ne dénonce pas le racisme de Durham, mais il réclame ce qu'il considère comme étant son droit – sa part d'un héritage racial blanc. De plus, la notion de race est associée à la terre des ancêtres dans le roman de Groulx, comme elle l'est d'ailleurs dans une profusion de romans canadiens-français issus d'une lignée semblable. Je pose que nombreux sont les romans de l'époque qui reposent sur des idéologies raciales qui s'appuient sur la terre à l'instar du corps racisé[78].

Ici, Scott trace la ligne conceptuelle de la notion de la race, d'abord utilisée pour démarquer l'infériorité des Canadiens français, et ensuite reprise par certaines personnes et des intellectuels (tels que Lionel Groulx) afin d'avancer l'idée de la supériorité

---

77. *Ibid.*
78. *Ibid.*, p. 11.

de cette race. Elle poursuit en examinant le rôle idéologique des romans terrestres dans un tel projet, ainsi que le rôle central du corps dans la littérature. Comme l'explique Scott, « c'est ainsi, par l'entremise du corps et de la terre, que les romanciers inscrivent ces récits fondateurs de la race dans le tableau québécois[79] ».

Les réflexions de Scott et de Delisle nous aident à mieux comprendre comment la censure des journaux jaunes s'inscrivait dans cette optique de promotion de la « supériorité » de la race au sein de la nation. L'appel du cardinal Léger à « rester fidèle à ses origines ethniques dans le respect de la religion et de la dignité de sa vie terrestre[80] » invoque justement l'idée de la terre, concept intimement lié à la race canadienne-française. Alors que l'Église accepterait une littérature qui promeut la vie terrestre, des publications qui offrent d'autres possibilités de vivre et de se concevoir seraient suspectes. La censure des journaux jaunes se retrouvait alors de l'autre côté de la médaille de la promotion de la bonne littérature terrestre[81]. Cette censure n'était

---

79. *Ibid.*, p. 64. Un examen des questions de sexualité dans les romans de la terre est présenté par Isabelle Fournier, « Le mythe de la mère et la dénégation de la sexualité féminine dans les romans de la terre au Québec », *Québec français*, n° 137 (2005), p. 47-49.

80. Discours du cardinal Léger cité dans « Le maire Drapeau lance un appel au clergé pour combattre ces journaux », *loc. cit.*

81. Pour une considération des enjeux de xénophobie et de nationalisme dans les campagnes de moralité à Montréal, voir Mathieu Lapointe, *Nettoyer Montréal, op. cit.*, p. 321-328.

pas seulement liée à des questions de moralité ; plus encore, elle était une tactique au cœur même d'une lutte pour la survie de la nation.

Le rôle d'un journal

Nos recherches démontrent clairement que les journaux jaunes ont été ciblés par la censure à cause de leur contenu. Cela s'est produit dans le contexte d'une plus grande disponibilité des publications populaires, ayant pour effet de soulever des questions au sujet du rôle d'un journal. Le maire Drapeau a d'ailleurs abordé cette question directement, en établissant un lien précis avec le nationalisme :

> Le contexte social où nous vivons fait du journal non plus simplement un recueil de nouvelles, mais l'instrument du progrès moral et intellectuel de la population. Le journal, et particulièrement le quotidien, a aujourd'hui à jouer le rôle civilisateur au sens le plus élevé du terme[82].

Dans cette argumentation, Drapeau postule que la santé morale de la nation peut être évaluée en fonction du caractère de ses journaux et de ses publications. Un tel argument justifie donc l'interdiction

---

82. « Le journal est l'instrument du progrès moral », *La Patrie*, 24 octobre 1955, p. 1.

totale des publications blasphématoires, dans le but de concevoir une nation pure, saine et civilisée.

À l'échelle de la province

Un dernier élément mérite d'être examiné en relation avec la question de la nation, soit le besoin nommé de censurer les journaux jaunes, non seulement à Montréal, mais partout au Québec. Drapeau a effectivement constaté une telle nécessité :

> Si on ne veut pas fausser le sens de la campagne qui est menée à Montréal et que d'autres municipalités s'apprêtent, au Canada anglais comme au Canada français, à entreprendre, il faut replacer le problème dans son optique véritable. Cette optique, c'est celle du progrès ou de la déchéance temporelle et spirituelle de la nation[83].

Drapeau a attiré l'attention sur le réel danger des journaux jaunes dans toute la province : « Mais plus sensible chez nous, le mal, vous savez, n'est pas qu'à Montréal. Notre effort intéresse directement la province entière parce qu'il s'attaque à un danger dont tout le Québec est menacé[84]. »

---

83. Jean Drapeau, « Gardiens de nos frères ? », *op. cit.*, p. 15.
84. *Ibid.*, p. 24.

La publication en français des journaux jaunes au Québec depuis les années 1940 a donné une plus grande disponibilité à la littérature populaire dans les années d'après-guerre. Ainsi, les réformateurs moraux ne pouvaient pas limiter leurs actions à la métropole, puisque ces publications, abordables et éphémères, se retrouvaient dans l'ensemble de la province. Pour protéger la nation, il importait donc d'en nettoyer tous les coins. La préoccupation des réformateurs pour la censure des journaux jaunes dans toutes les villes et municipalités de la province a justifié une attention particulière aux régions[85]. C'est pourquoi nous aborderons ce sujet au chapitre quatre, en analysant la censure à Rimouski.

En terminant cette section, il nous semble important de souligner que les questions de la nation étaient omniprésentes dans la censure des journaux. En effet, l'interdiction des publications s'effectuait pour préserver la santé morale du peuple. Ce fait, combiné à la nécessité de protéger la jeunesse et au besoin de publications épurées de toute sexualité, construisait un discours dont le moteur idéologique guidait la démarche des religieux et des citoyens dans ce domaine.

---

85. Voir également Mathieu Lapointe, *Nettoyer Montréal*, *op. cit.*, p. 260-262, pour une analyse des actions provinciales dans les campagnes de moralité publique.

Conclusion

Les documents consultés dans les archives indiquent bien que la censure des journaux jaunes était fondée sur une Sainte-Trinité : la sexualité, la protection de la jeunesse et de la nation. Gouvernés par le besoin de protéger les enfants et par l'importance de promouvoir une nation saine et civilisée, les censeurs tentaient, par leurs actions, d'éliminer toutes les images jugées trop explicites.

Maintenant que nous avons examiné le discours qui sous-tend la censure de ces revues, nous pouvons considérer le traitement des cas devant la loi. Quel était le traitement juridique réservé aux journaux jaunes ? Quels étaient les lois et règlements en vigueur ? Existe-t-il encore aujourd'hui des données dans les plumitifs de la cour à propos des accusations et des condamnations ? Que pourraient nous enseigner ces informations au sujet de l'histoire de la censure ? Le prochain chapitre aborde ces questions.

Chapitre 3

La réglementation de la presse populaire à Montréal
Cadre juridique et mise en application des lois

Je n'hésiterai pas à réclamer une sévérité
proportionnée à la mauvaise foi et à l'entêtement
de ceux qui refusent systématiquement leur
coopération au nettoyage qui continue
de s'imposer... J'entends recourir à tous les
moyens légitimes pour obtenir ce résultat.

Maire Jean Drapeau, 1956[1]

D ANS LES PAGES PRÉCÉDENTES, nous avons présenté les principales activités déployées par
les autorités administratives et religieuses montréalaises dans leur lutte contre la littérature dite obscène. Nous avons mis en relief, tout particulièrement, le discours rhétorique qui a été invoqué
comme justification. Dans le présent chapitre, nous
considérons comment cette réglementation a été

---

1. « Le maire Drapeau continuera la lutte contre les feuilles obscènes », *La Patrie*, 25 mai 1956, p. 3.

orchestrée sur le plan juridique, c'est-à-dire en ce qui concerne l'application des lois et des règlements municipaux en matière d'obscénité[2]. Cette analyse nous aidera à mieux comprendre la censure de la presse populaire dans les années d'après-guerre au Québec. Elle nous permettra aussi de nous pencher sur un certain nombre d'enjeux d'ordre méthodologique qui nous semblent pertinents quant aux études scientifiques présentement en cours dans ce domaine.

Étant donné que, dans le contexte étudié, les journaux jaunes ont servi de fondement à l'élaboration d'un certain programme moral, nous démontrerons qu'une analyse approfondie de leur réglementation s'impose. Notre étude couvre les années 1955 à 1975. L'année 1955 coïncide presque exactement avec l'élection de Jean Drapeau (en 1954), date ayant marqué un changement important dans l'encadrement de la culture urbaine à Montréal. L'année 1975, quant à elle, correspond à la disparition de la majorité des cabarets et des journaux jaunes[3].

---

2. Une première version de ce chapitre a été publiée dans Viviane Namaste, «La réglementation des journaux jaunes à Montréal, 1955-1975. Le cadre juridique et la mise en application des lois», *Revue d'histoire de l'Amérique française*, vol. 61, n° 1 (été 2007), p. 67-81.

3. Pour une analyse plus détaillée de la mort des cabarets à Montréal, voir Viviane Namaste, *C'était du spectacle ! L'histoire des artistes transsexuelles à Montréal, 1955-1985*, Montréal, McGill-Queen's University Press, 2005.

Bien comprendre la réglementation des journaux jaunes exige que l'on procède à un survol des lois et des mécanismes conçus, mis en place et invoqués par les autorités afin de contrôler ce type de publication. Nous nous pencherons plus particulièrement sur les lois, analysant tour à tour la loi provinciale liée à la censure, la loi fédérale sur l'obscénité, ainsi que les règlements municipaux de la ville de Montréal qui interdisaient les représentations dites obscènes : affiches, photos et même vitrines de magasins ciblées sur la place publique. Notons que les publications jugées obscènes, en plus d'être touchées par ces lois et règlements, étaient aussi assujetties à la Loi sur les douanes et les impôts. Nous n'aborderons pas, dans la présente étude, cette facette de la réglementation des journaux jaunes, laquelle n'en constitue pas moins une piste de recherche intéressante pour l'avenir.

Ce chapitre met en relief les cas de censure présentés devant la cour, ainsi que la confiscation d'un assez grand nombre de publications à Montréal, soulignant que bon nombre de poursuites judiciaires ont été précédées par des actions policières. Les autorités policières montréalaises visitaient les kiosques à journaux, les pharmacies, les restaurants et les cabarets qui vendaient des journaux jaunes. La majeure partie de ce travail était accomplie par une escouade de la jeunesse au Service de police, une unité composée de 75 membres en 1958. On résumait à l'époque leur travail en parlant des membres de l'équipe :

[...] who make daily visit of all newsstands, restaurants and other places where newspapers and other publications are sold. He and his men see to it that newspapers whose front page, while not obscene, might offend, be removed from the newsstands[4].

Albert Langlois, directeur du Service de police en 1958, a stipulé que les actions entreprises par la police étaient déployées dans tous les quartiers de Montréal :

Nous avons au-delà de vingt-deux actions de prises contre des individus, prises en vertu du règlement 2129, dans toutes les parties de la ville, sur la rue Mont-Royal, sur la rue Saint-Denis, sur Park Avenue, sur le boulevard Saint-Joseph, sur la rue Bernard, sur la rue Saint-Denis, sur la rue Chambly, [...] la rue Sainte-Catherine Ouest, sur la rue Masson, sur la rue Decelles, sur la rue Laval, sur la rue Esplanade, sur la rue Désormaux, sur la rue Hochelaga, sur la rue Chatham, sur la rue Sicard, au Drummond Court, sur la rue Prince of Wales, sur la rue Van Horne. Il y a eu des actions prises contre tous et chacun[5].

---

4. Procès-verbal, Committee appointed to study the steps to prevent the dissemination of obscene literature in Montréal, May 16, 1958, p. 2, Archives de la Ville de Montréal, littérature obscène.

5. Réunion du comité exécutif de la Cité de Montréal, 9 décembre 1959, p. 26, Centre de recherche Lionel-Groulx, Fonds CMP, P47/H, 10.

Cette surveillance policière, qui se manifestait concrètement par des poursuites judiciaires à la cour, constitue le sujet du présent chapitre.

Nous déterminerons d'abord les divers mécanismes de la censure, notamment les lois provinciale, fédérale et municipale. Nous examinerons ensuite un certain nombre de dossiers de la Cour municipale de Montréal afin de mieux comprendre l'application des lois relevant des autorités fédérale, provinciale et municipale. Cet exercice nous permettra de mieux comprendre les stratégies ayant été élaborées et déployées à des fins de censure. Finalement, nous examinerons les poursuites entreprises contre les individus et les distributeurs durant les périodes couvertes par notre étude. En somme, nous tenterons, documents et statistiques à l'appui, de tracer un premier portrait de la réglementation de la presse jaune à Montréal.

La loi provinciale

Abordons d'abord notre analyse en examinant la loi québécoise sur la censure, notamment la Loi concernant les publications et la morale publique. Adoptée en 1950, cette loi interdisait la publication de «toute illustration [...] qui évoque des scènes, réelles ou fictives, de crime ou de la vie habituelle des criminels, ou des situations ou attitudes morbides ou obscènes, tendant à corrompre la jeunesse et à dépraver les mœurs[6] ». Le texte de la loi précisait que ce n'étaient pas les quotidiens, mais les écrits publiés « périodiquement », qui étaient visés. Autrement dit, la loi provinciale ciblait précisément la presse jaune, c'est-à-dire ces revues et ces journaux qui, publiés de façon régulière ou sporadique, étaient diffusés à grande échelle. Notons bien que cette loi reposait essentiellement sur une conception bien précise de l'immoralité, cette dernière étant reliée à la corruption de la jeunesse québécoise et à la dépravation de ses mœurs.

La réglementation des publications jugées immorales était assurée par le Bureau de la censure du cinéma de la province, entité institutionnelle déjà existante ayant pour mandat d'autoriser ou de censurer les images présentées au cinéma. L'adoption de la Loi concernant les publications et la morale publique venait simplement élargir le mandat du Bureau de la censure du cinéma. Sur le plan administratif, son application dépendait de l'initiative du procureur général qui soumettait certaines publications à l'examen du Bureau de la censure. Lorsqu'on considérait qu'une publication contrevenait à la loi, le Bureau de la censure émettait une ordonnance qui en interdisait la publication et la diffusion. Le Bureau avait aussi l'autorité de révoquer une

---

6. BAnQ, Centre d'archives de Montréal, Régie du cinéma, E188, boîte 244, bord. 21 572, 1 110, Loi concernant les publications et la morale publique.

ordonnance émise antérieurement, dans le cas où, par exemple, un éditeur se serait engagé de façon formelle à ne pas reproduire une image «immorale». Une liste de toutes les ordonnances et des publications interdites par le Bureau de la censure constituait l'outil de base servant à la réglementation des revues. Il suffisait qu'une publication figure sur cette liste pour que sa diffusion s'en trouve interdite partout au Québec. Les services de police utilisaient cette liste lorsqu'ils visitaient les kiosques à journaux, les cabarets et les restaurants, lieux où étaient vendues ces revues. La liste facilite aussi le travail des groupes religieux et des comités de citoyens engagés dans une lutte contre cette «presse pestilentielle». À titre d'exemple, les Ligues du Sacré-Cœur encourageaient les citoyens à visiter les kiosques à journaux, leur fournissant même des consignes précises advenant le cas où ils trouveraient une revue inscrite au registre des publications interdites[7].

Ce cadre juridique menait à la création d'une liste des revues interdites au Québec, liste dont se servaient les comités de moralité dans leur lutte contre la presse jaune. Ainsi, malgré le caractère prétendument laïque du contexte dans lequel la loi était appliquée, force est de constater que les groupes religieux exerçaient une influence assez importante en matière d'administration publique au Québec.

---

7. CRLG, Fonds du Comité de moralité publique, P47/Q2, 3, Ligues du Sacré-Cœur, «La lutte contre la littérature obscène».

Cette liste rappelle d'ailleurs l'Index de l'Église catholique qui avait autrefois pour rôle d'interdire les lectures jugées obscènes[8]. La liste des publications interdites, émise par le Bureau de la censure, constituait, tout comme l'Index de l'Église catholique, la base primordiale de la réglementation de la moralité au Québec.

Bien que le rôle du Bureau de la censure soit clairement défini, le processus administratif entourant l'application de la loi semblait bien moins évident. Une analyse critique des documents révèle d'ailleurs plusieurs contradictions. La correspondance des éditeurs et des distributeurs indique qu'ils désiraient connaître les dispositions de la loi provinciale concernant la censure. Lorsque le Select Publishers Representatives Reg'd a demandé une autorisation pour vendre deux revues, le Bureau de la censure a répondu que son mandat se limitait à l'examen des publications soumises par le procureur général[9]. Dans le même ordre d'idées, on a informé l'éditeur Belmont Productions Ltd. que le Bureau de la censure ne pouvait évaluer le livre *Sex Life of the Modern Adult*. Selon le Bureau, la loi ne viserait

---

8. Il faut noter que l'Index ne se limitait pas à l'obscénité en soi : son champ était plus large. Voir Pierre Hébert avec la collaboration de Patrick Nicol, *Censure et littérature au Québec. Le livre crucifié, op. cit.* Hébert examine la censure également en matière de prescription, c'est-à-dire comme un encouragement actif à lire certains textes.

9. BAnQ, Centre d'archives de Montréal, Régie du cinéma, E188, boîte 253, bord. 21611, filière 9210, lettre de Lucien Desbiens, chef du personnel, Bureau de la censure, 2 février 1961.

que les illustrations. Comme le livre en question n'en contenait pas, il considérait que l'évaluer ne faisait pas partie de son mandat[10]. Ces deux exemples démontrent bien que la censure des revues populaires, en vertu de la loi provinciale, s'exerçait selon un mode réactif. Ce n'était que sur l'initiative du procureur général qu'une publication pouvait être interdite. Les distributeurs et les éditeurs qui souhaitaient, avant l'étape de la diffusion, savoir si oui ou non leurs publications seraient autorisées n'avaient que très peu d'options. Soit ils entamaient des démarches auprès du procureur général, lequel pouvait soumettre leur revue au Bureau de la censure, soit ils la distribuaient en espérant ne pas devoir faire face, plus tard, à une poursuite judiciaire ou à tout autre problème juridique du genre.

Un certain manque d'efficacité, ou tout au moins de clarté, est évident dans la correspondance entre les éditeurs et le Bureau de la censure. Ainsi, l'éditeur Swagger Publications voulait savoir pourquoi sa publication avait été interdite[11]. Un autre éditeur, Volitant Publishing Corporation, résumait le problème ainsi : « You will realize that we cannot correct our editorial policy unless we know

---

10. BAnQ, Centre d'archives de Montréal, Régie du cinéma, E188, boîte 253, bord. 21611, filière 9210, lettre de L.G. Prévost, président, Bureau de la censure, 3 novembre 1961.

11. BAnQ, Centre d'archives de Montréal, Régie du cinéma, E188, boîte 253, bord. 21611, filière 9210, lettre d'Arthur Kass au Bureau de la censure, 5 janvier 1951.

specifically what has been deemed objectionable by your board. To this end I will be happy to discuss this matter with you at your convenience during the week of October 23[12]. » Comme l'a souligné l'auteur de cette lettre, les éditeurs et les distributeurs ne possédaient pas les informations dont ils avaient besoin pour bien comprendre les mécanismes de fonctionnement et de mise en œuvre de la loi provinciale sur la censure.

Dans les faits, au Québec, l'infrastructure juridique de la censure, telle qu'elle est inscrite dans la loi au niveau provincial, ne pouvait offrir de barème ou de cadre législatif pour les éditeurs et les distributeurs de la province. C'est pour cette raison que nous considérons la nature de la censure liée à la loi provinciale comme étant réactive.

Le manque de clarté du Bureau de la censure doit être examiné en fonction de son histoire et de la conception qu'il avait de son propre rôle. Il a été créé en lien direct avec le cinéma au Québec. Son mandat était donc, d'abord et avant tout, lié à cette forme de représentation, ce qui sera confirmé, en 1966, par les responsables du Bureau eux-mêmes. À la suite d'une importante saisie de publications à Québec, on a soumis 38 de ces documents au Bureau pour son évaluation. Une réunion spéciale était alors

---

12. BAnQ, Centre d'archives de Montréal, Régie du cinéma, E188, boîte 253, bord. 21611, filière 9210, lettre de Armand Lopez, Volitant Publishing Corporation au Bureau de la censure, 19 octobre 1950.

tenue afin de gérer la situation. Les notes de la réunion s'avèrent révélatrices :

> La Commission accepte donc toutes ses responsabilités dans l'application de la loi des publications. Cependant, au point de vue de l'administration, on estime que l'examen des publications est une *activité seconde*. La Commission de la censure a d'abord le devoir d'examiner les films. C'est sa raison d'être principale. On continuera donc de s'occuper des publications et magazines à des réunions statutaires et selon une procédure très rigoureuse. Il serait en conséquence inopportun, croyons-nous, de suggérer la formation d'une nouvelle commission d'examen[13].

L'évaluation des publications par le Bureau constituait pour ce dernier une activité secondaire. Cette position se trouve renforcée par sa décision de n'examiner que les parutions les plus récentes :

> Dorénavant, la Commission n'examinera que les publications parues au cours des douze mois précédant la requête du ministère de la Justice. Elle ne croit pas équitable de procéder à l'examen des publications datant de deux, trois ou même quatre années en arrière[14].

---

13. BAnQ, Centre d'archives de Montréal, Régie du cinéma, E188, boîte 247, bord. 21605, Bureau de la censure, Assemblée spéciale du mardi 1er février 1966 sur la Loi des publications, 2 ; italiques dans l'original.
14. *Ibid.*

Les statistiques du Bureau confirment que les responsables ne considéraient pas les publications comme une priorité. En 1965 et 1966, par exemple, 64 publications sont en tout soumises au Bureau. Il y a interdiction dans 11 cas, une acceptation pour 22 revues, une rescision de l'ordonnance pour six publications, alors que 25 publications étaient considérées comme n'étant pas du ressort du Bureau[15]. En 1966 et 1967, 83 publications étaient soumises au Bureau. De ce nombre, on compte une interdiction, 6 acceptations, 10 rescisions, tandis que 23 revues n'étaient pas évaluées, compte tenu de leur contenu ; 43 examens étaient suspendus pour des raisons administratives (non précisées par le Bureau)[16]. Dans l'ensemble, ces statistiques indiquent un taux assez faible d'interdiction : des 147 publications soumises à l'examen, seulement 12 recevaient une interdiction totale, ce qui représente 8 % de l'échantillon. Autrement dit, les données et les chiffres fournis par le Bureau de la censure (seules les années mentionnées ci-dessus sont disponibles) suggèrent que la Loi concernant les publications et la morale publique ne constituait pas un outil de censure efficace pour lutter contre les journaux jaunes, pour plusieurs raisons :

---

15. BAnQ, Centre d'archives de Montréal, Régie du cinéma, E188, boîte 250. Bureau de la censure, Rapport annuel 1965-1966, tableau VIII.

16. *Ibid.*

- l'exigence qu'une publication soit soumise au Bureau par le procureur général signifie que les éditeurs ne pouvaient pas vérifier le statut ou le caractère «obscène» d'une publication avant sa diffusion;
- la loi ne vise que les illustrations, négligeant ainsi les autres types de publications;
- le Bureau ne communiquait pas clairement aux éditeurs les critères utilisés lors du processus d'évaluation;
- le Bureau considérait l'examen des publications comme étant une «activité seconde».

Les statistiques du Bureau indiquent que la grande majorité des publications n'étaient pas, en fin de compte, interdites. Dans de nombreux cas, elles ne faisaient même pas partie de son champ de compétence. Enfin, cette loi provinciale a été déclarée inconstitutionnelle en 1967[17].

Bien que notre analyse démontre un manque d'efficacité de la loi provinciale quant à l'ensemble des publications qui forment l'objet de notre étude, il n'en demeure pas moins de notre responsabilité de nous poser certaines questions quant aux autres lois et cadres juridiques invoqués dans la lutte contre la littérature obscène.

---

17. Voir Jacques Hébert, *Obscénité et liberté : Plaidoyer contre la censure des livres*, Montréal, Éditions du Jour, 1970 ; Yves Lever, « Magazines avec illustrations », dans Pierre Hébert, Yves Lever et Kenneth Landry, *Dictionnaire de la censure au Québec, op. cit.*, p. 432.

La loi fédérale sur l'obscénité

Au cours des années 1950 et 1960, le débat sur la question des représentations obscènes occupait une place importante sur la scène publique. Les groupes religieux et les citoyens invoquaient la loi fédérale déjà en vigueur : comme elle comporte des dispositions pour bannir ce genre de publications, le maire et la police de Montréal n'ont qu'à s'en servir[18] !

Le Code criminel du Canada interdisait la publication, la diffusion et même la possession d'images, d'écrits et d'autres documents obscènes. Il visait les films, les publications et même les spectacles indécents. En 1949, une abrogation de la loi fédérale venait ajouter certaines clauses, plus particulièrement liées aux histoires illustrées de crime (*crime comics*) et aux publications présentant des histoires de crimes[19]. Quoique le texte de la loi fasse référence au concept de « représentation obscène », il n'en précisait pas la définition. D'ailleurs, au cours des années 1950, débats et actions politiques tentent tant bien que mal

---

18. CRLG, Fonds du Comité de moralité publique, P47/Q2, 2, Comité de moralité publique, Revues condamnées en date du 10 juin 1951 par le Bureau de la censure du Québec.

19. Voir, par exemple, Bruce Ryder, « Undercover censorship : Exploring the History of the Regulation of Publications in Canada », dans Klaus Petersen et Allan Hutchinson, *Interpreting Censorship in Canada*, Toronto, University of Toronto Press, 1999, p. 129-156 ; Mary-Louise Adams, « Youth, Corruptibility, and English-Canadian Postwar Campaigns », *loc. cit.* ; Janice Dickson McGinnis, « Bogeymen and the Law », *op. cit.*, p. 3-23.

de clarifier le sens du terme «obscène». Un comité sénatorial avait pour mandat de définir ce qu'était l'obscénité, afin de proposer des modifications au Code criminel[20]. Ce comité a connu diverses incarnations au cours des années 1950. Les premières actions et consultations sur la question ont mené à la publication d'un rapport en 1953[21]. Le même travail était repris quelques années plus tard par un nouveau comité présidé par le ministre de la Justice de l'époque, M.E. Davie Fulton. Les groupes de pression, à l'instar du Comité de moralité publique (CMP), revendiquaient une définition claire de l'obscénité, faute de quoi les poursuites judiciaires se solderaient, selon eux, par un échec. Dans le mémoire soumis à ce comité en 1959, le CMP de Montréal se plaignait des conséquences évidentes d'un manque de clarté quant à la définition même du concept d'obscénité :

> L'article 150 de notre Code criminel n'est pas sans mérite, mais son application est pratiquement impossible. Les pouvoirs publics, après quelques tentatives malheureuses, désespèrent d'obtenir des condamnations et se contentent de réclamer une nouvelle définition du mot «obscène»[22].

20. Bruce Ryder, «Undercover censorship», *loc. cit.*

21. Report of the Special Committee Appointed to Examine the Sale and Distribution of Salacious and Indecent Literature, April 29, 1953, *Senate Journals*, 1953.

22. CMP, mémoire présenté par le CMP à l'honorable Edmund Davie Fulton, C.P., C.R., ministre de la Justice du Canada, 9 février 1959, p. 2.

La réflexion sur la définition de l'obscénité contenue dans le Code criminel a débouché, en 1959, sur une révision du texte. Dès lors, toute représentation de la sexualité n'était plus en soi nécessairement une représentation obscène. Pour faire l'objet d'une poursuite, une représentation devait comporter un élément « d'exploitation indue[23] ».

Malgré ces débats terminologiques et juridiques, et malgré la position du CMP jugeant inapplicable la section du Code criminel concernant l'obscénité, les plumitifs de la Cour municipale de Montréal révèlent que des vendeurs de journaux ont bel et bien été poursuivis pour obscénité en vertu du Code criminel. Le tableau 3.1 présente les cas de censure ayant fait l'objet d'une poursuite à Montréal en vertu du Code criminel[24]. Les statistiques incluent les applications de lois contre les histoires illustrées de crime. Malheureusement, les données ne permettent pas de distinguer ces publications des journaux. Elles procurent cependant des informations utiles quant aux poursuites judiciaires ayant été intentées ou invoquées sur la base d'obscénité, contre les publications indépendantes, y compris les journaux jaunes et les histoires illustrées de crime.

Lorsque nous comparons les statistiques disponibles sur les cas de censure liés à la loi provinciale

---

23. Bruce Ryder, « Undercover censorship », *loc. cit.*

24. Soulignons ici que toutes les données n'étaient pas disponibles dans les plumitifs de la Cour municipale de Montréal. En particulier, il nous manque des données pour la période de janvier à juin 1956.

avec ceux qui sont liés à la loi fédérale, il devient clair que les autorités faisaient appel à la loi fédérale beaucoup plus souvent qu'à la loi provinciale. Entre 1965 et 1967, on dénombre 147 cas de poursuites liés à la loi provinciale et 352 cas de poursuites liés au Code criminel du Canada. Bien que le champ des données soit assez restreint, l'étude des plumitifs donne quand même une indication importante quant au recours des autorités au Code criminel pour pouvoir censurer la presse jaune. Si notre analyse tient compte jusqu'à maintenant de l'application des lois provinciale et fédérale dans ce domaine, un examen du cadre juridique municipal contient en soi le potentiel d'apporter la touche finale dont nous avons besoin pour obtenir une analyse préliminaire des mécanismes de censure de la presse jaune à Montréal.

Règlements municipaux

Au niveau municipal, trois règlements déterminaient, en particulier, les paramètres quant à ce qui était jugé « acceptable » en matière de représentation visuelle ou écrite : les règlements 1025, 2129 et 2889.

Le principal objectif de ces règlements, tout comme celui des lois provinciale et fédérale, était de contrôler le contenu de la représentation des écrits dans la vie publique et privée de Montréal. Les poursuites intentées contre les vendeurs de journaux déterminaient ce qui était acceptable, voire ce qui était visible et disponible. Ce travail sur la place publique avait par la suite des conséquences immédiates sur le domaine privé des citoyens de Montréal : une revue non disponible dans un kiosque à journaux ne pouvait pas se trouver, de façon logique, dans la maison privée d'un individu.

Les vendeurs de telles publications demeuraient sous constante surveillance, autant celle des comités de citoyens que celle des groupes religieux ou celle des forces de l'ordre. Un rapport du Service de police de Montréal de l'année 1954, par exemple, stipule que les policiers ont effectué 32 078 visites dans des endroits où se vendaient des journaux et des revues (kiosques, cabarets, restaurants et pharmacies)[25]. Advenant le cas où l'on trouvait une publication jugée « obscène », le vendeur était poursuivi en justice. Jusqu'à maintenant, notre étude suggère que les poursuites judiciaires aient été liées surtout à de potentielles infractions au Code criminel. Un examen des plumitifs de la cour municipale révèle d'ailleurs que les autorités municipales ont également appliqué des règlements municipaux afin de censurer les journaux jaunes.

Le tableau 3.1 présente un survol de ces cas juridiques (données cumulatives regroupant tous

---

25. CRLG, Fonds du Comité de moralité publique, P47/H,10, Service de police, Ville de Montréal, Lutte à la littérature obscène, 14 décembre 1959.

Tableau 3.1

Les cas de censure à Montréal entre 1955 et 1975
liés au Code criminel du Canada
et aux règlements municipaux

Année	Cas municipaux	Cas fédéraux	Total
1955	18	2	20
1956	6	1	7
1957	1	2	3
1958	14	10	24
1959	15	15	30
1960	33	15	48
1961	3	17	20
1962	63	33	96
1963	1	17	18
1964	18	21	39
1965	132	19	151
1966	122	35	157
1967	87	308	395
1968	126	241	367
1969	243	515	758
1970	146	965	1 111
1971	26	116	142
1972	12	8	20
1973	94	3	97
1974	12	1	13
1975	15	0	15

les règlements mentionnés). Ces données indiquent que les règlements municipaux faisaient partie intégrante de la lutte contre la presse jaune. Les vendeurs de journaux et de revues obscènes faisaient face à des accusations liées à ces ordonnances municipales. En effet, une comparaison de l'application des lois fédérales et des lois municipales dans le domaine de la censure révèle qu'à certains moments on a eu recours aux règlements municipaux beaucoup plus souvent qu'au Code criminel. Par exemple, en 1965, le tableau 3.1 indique que 132 cas de poursuites ont été entrepris en vertu des règlements municipaux, comparativement à seulement 19 infractions relatives au Code criminel. Les chiffres qui y sont présentés démontrent que la censure des journaux jaunes a été effectuée par les règlements municipaux aussi bien que par le Code criminel. Notre recherche met en lumière, pour la première fois, le rôle des règlements municipaux dans l'histoire de la censure au Québec, les études sur cette question s'étant limitées, jusqu'à ce jour, à l'application du Code criminel[26].

Outre les cas liés à la loi provinciale, à la loi fédérale ou bien aux divers règlements municipaux dans les plumitifs de la Cour de Montréal, les statistiques sur les saisies témoignent de l'ampleur du travail dans ce domaine. Dans un rapport officiel des

---

26. Voir par exemple Pierre Hébert avec la collaboration d'Élise Salaün, *Censure et littérature au Québec. Des vieux couvents au plaisir de vivre*, *op. cit.*

autorités policières, par exemple, on trouve résumée la somme de milliers de visites annuelles aux kiosques, restaurants, pharmacies et cabarets où l'on vendait des journaux jaunes. Ce rapport comprend des données sur les publications confisquées, c'est-à-dire ces revues qui se trouvaient interdites par le Bureau de la censure (en violation avec la loi, provinciale surtout, alors en cours). Le tableau 3.2 offre une synthèse de ce travail.

Tableau 3.2

Visites de surveillance et saisies ou confiscations des journaux jaunes à Montréal, 1952 – 1959

Année	Visites de surveillance	Nombre de publications saisies ou confisquées
1952	nd	201
1953	nd	253
1954	32 078	935
1955	26 497	26 113
1956	17 894	1 187
1957	19 603	5 516
1958	24 181	674
1959	28 150	867

Source : Rapports annuels, Bureau de l'escouade de moralité juvénile, Ville de Montréal, et Rapport du Service de police de Montréal, 14 décembre 1959. Archives de la Ville de Montréal.

Comme le montre ce tableau, le travail habituel de la police de Montréal à l'époque consistait en une surveillance étroite et régulière des endroits où l'on vendait la presse populaire. Des visites policières hebdomadaires, voire quotidiennes, aux kiosques à journaux et aux cabarets, visaient à contrôler l'accès aux publications jugées insolites. Quoique ce tableau ne nous offre qu'un survol de quelques années, il permet toutefois de constater qu'une confiscation importante d'images (revues, affiches de cabarets, etc.) a eu lieu dans la ville de Montréal en 1952 et 1953 : au moins une image pour chaque jour de la semaine, un chiffre qui augmente considérablement au cours des années suivantes. Les statistiques et les données présentées jusqu'ici font état des activités policières dans le domaine de la censure en général. La prochaine section examine plus particulièrement les actions entreprises à l'égard des vendeurs et des distributeurs de ces revues.

Les poursuites intentées contre les vendeurs et les distributeurs

Notre analyse de la loi provinciale semble indiquer que les distributeurs de magazines et de revues ne disposaient d'aucun moyen institutionnel pour évaluer leurs publications avant diffusion. L'infrastructure gouvernementale et l'application de la loi fonctionnaient selon un mode réactif. Ces constatations nous forcent à soulever une question importante quant à l'efficacité de la censure. Dans un contexte de réaction, où l'on étudiait et poursuivait des publications, un exemplaire à la fois, peut-on vraiment parler d'une pratique efficace contre la censure? En dirigeant l'attention vers les distributeurs de magazines et de revues, pouvait-on mieux contrôler la diffusion des publications jugées obscènes?

Au cours des années 1950, les citoyens du Canada anglais qui s'inquiétaient de l'orientation morale de leur société, y compris de la présence de publications obscènes, se posaient exactement ce type de question. En réponse aux pressions exercées par des groupes de femmes de certains groupes religieux, le gouvernement albertain a mis sur pied l'Advisory Board on Objectionable Publications (Comité sur les publications malsaines)[27], qui envoyait une liste de revues interdites aux distributeurs et sollicitait activement leur collaboration. Même si le comité concevait son rôle comme celui d'un conseiller plutôt que d'un censeur, la collaboration offerte par les distributeurs a créé un contexte politique ayant pour résultat final la censure directe[28]. Or, une telle stratégie s'avérait efficace: la collaboration des distributeurs faisait en sorte que les publications obscènes ne rejoignaient pas les vendeurs, encore moins les individus.

---

27. Bruce Ryder, «Undercover censorship», *loc. cit.*
28. *Ibid.*

À Montréal, pendant les années 1950, la censure ne s'exerçait pas de la même manière qu'en Alberta. La surveillance policière des kiosques à journaux, par exemple, avait pour but de déterminer les revues qui pourraient être considérées comme obscènes. Dans un tel contexte, les autorités ne collaboraient pas avec les distributeurs de revues.

Cela dit, quelques groupes de pression sollicitaient le concours et l'appui des vendeurs de journaux. Ils agissaient à un niveau moins structurel que celui des distributeurs, mais, en principe, le résultat souhaité n'en demeurait pas moins le même : la non-disponibilité des revues dites malsaines. Ainsi, le CMP de Montréal produisait et distribuait des pancartes présentant sous un éclairage flatteur la participation active des vendeurs dans la campagne d'assainissement de la Ville. Sur l'une de celles-ci (voir page suivante), on peut lire : « Par respect pour nos clients, nous ne vendons pas de journaux à scandales ni de publications obscènes[29]. » Alors qu'en Alberta c'est l'État même qui sollicitait avec succès la collaboration des distributeurs, à Montréal, c'étaient plutôt des groupes qui faisaient pression sur les vendeurs de journaux[30]. Cette tentative de collaboration avec les vendeurs représentait une autre manière de censurer les journaux jaunes à Montréal.

---

29. CRLG, Fonds du Comité de moralité publique, P47/J, 7.

30. Pour mieux comprendre le rôle des femmes dans les campagnes de moralité publique au Québec, voir Mathieu Lapointe, *Nettoyer Montréal, op. cit.*, p. 264-269.

Par respect pour nos clients

nous ne vendons pas de journaux À SCANDALES ni de publications ORDURIÈRES

On peut obtenir gratuitement des affiches en s'adressant au
COMITÉ DE MORALITÉ PUBLIQUE DE MONTRÉAL
4237, rue St-Denis, Montréal 18, Qué.

Dans les années 1950, la Ligue du Sacré-Cœur a fourni cette affiche aux vendeurs des revues et des publications, proclamant l'éradication de la presse malsaine dans les kiosques mêmes. BAnQ, Centre de recherche Lionel-Groulx, P47/J,4.

Même si les actions du CMP visaient les vendeurs eux-mêmes, la question des distributeurs demeure grande ouverte. En effet, la censure ne serait-elle pas plus efficace si l'on intervenait directement auprès des distributeurs, empêchant ainsi les publications d'arriver jusqu'aux vendeurs ?

Cette question a d'ailleurs été soulevée par Pierre Desmarais, conseiller municipal à la Ville de Montréal. En 1959, monsieur Desmarais se demandait pourquoi il y avait tant de publications obscènes à Montréal. Il s'interrogeait sur l'efficacité des stratégies de censure déployées par les autorités policières. Avec sous le bras des journaux achetés dans des kiosques aux quatre coins de Montréal, il a décidé d'aborder la question, de façon directe, à l'hôtel de ville.

À la réunion du comité exécutif du 9 décembre 1959, Albert Langlois, directeur du Service de police, a apporté certaines clarifications concernant le travail accompli par les forces policières[31]. Selon M. Langlois, le Service de police aurait exercé une surveillance à la fois intensive et continue, ce qui aurait assuré le bon maintien de l'ordre moral, ainsi qu'un contrôle adéquat des publications vendues à Montréal. Il a précisé que le Service de police avait son propre bureau dédié à la lutte contre la littérature obscène, le Bureau de l'aide à la jeunesse.

Le conseiller Desmarais n'acceptait pas le portrait de la situation présenté par Langlois[32]. Il lui a demandé s'il ne serait pas plus efficace de viser directement les distributeurs :

> Vous avez seulement un petit nombre de distributeurs d'envergure à Montréal. Si ceux-là savent qu'ils sont susceptibles d'être condamnés, j'ai bien l'impression qu'ils seraient beaucoup plus prudents. Comme dit le proverbe, la crainte est le commencement de la sagesse. S'il n'y a pas de plainte, ils continuent [...]

---

31. CRLG, Fonds CMP, P47/H, 10, procès-verbal, Réunion du comité exécutif, Cité de Montréal, 9 décembre 1959.

32. Pour plus d'informations sur la carrière et les actions de Pierre Desmarais, voir Mathieu Lapointe, *Nettoyer Montréal*, *op. cit.*, p. 220-230.

I think that people like Benjamin News, American News or other outfits which make the choice before distributing the magazine know its content, and those are the people responsible after the editor, and they make their own distribution and if there is no case made against them, well, they take it easy. They go on up to the moment the police catches them, and I think we do not employ the proper method, we put too much on the shoulders of the Police. If those distributors were called before the Courts and if evidence was brought against them as to the quality of the literature they distribute, they would not do it again... Quand on coupe à la source, le reste ne fonctionne pas[33].

Le conseiller Desmarais a donc insisté sur l'importance de son intervention, laquelle tenait compte de certaines pratiques de vendeurs dont il dit avoir été témoin. Il soutenait que certains vendeurs évitaient les poursuites judiciaires en n'offrant ces publications dites obscènes qu'à certaines heures précises, par exemple, entre 18 h et 19 h. Le reste du temps, ces journaux demeuraient invisibles[34]. Ces pratiques de vente soulignaient l'inefficacité des tactiques policières qui ne visaient que les vendeurs. M. Desmarais a présenté ces faits dans le but de convaincre les autorités de l'importance de s'attaquer aux distributeurs si l'on

---

33. CRLG, Fonds CMP, P47/H,10, procès-verbal, réunion du comité exécutif, Cité de Montréal, 9 décembre 1959, p. 13.

34. CRLG, P47/H,10, déclaration du conseiller Pierre Desmarais, circa février 1960.

voulait véritablement débarrasser la ville de sa littérature obscène.

Une analyse approfondie des poursuites judiciaires liées à la censure contribue à une compréhension plus globale de la situation. Dans les plumitifs de la Cour municipale de Montréal, pouvons-nous trouver des indices qui nous permettraient de croire que la police a poursuivi les distributeurs? Les statistiques présentées jusqu'à maintenant relèvent-elles de cas individuels, de distributeurs ou bien des deux? Le tableau 3.3 offre des réponses concrètes à ces questions. Remarquons que, tout au long des années 1950, la vaste majorité des poursuites judiciaires liées à la section 150 du Code criminel étaient intentées contre des individus. En effet, les distributeurs de revues ne semblent pas avoir été visés par les policiers avant 1969. Cependant, les données auxquelles nous avons accès démontrent qu'entre 1969 et 1971 les poursuites intentées contre les distributeurs ont été une partie importante de l'ensemble des cas de censure (de compétence fédérale) à Montréal. Le tableau 3.4 offre des précisions quant à ces poursuites intentées contre les distributeurs entre 1968 et 1971.

Nous nous attarderons sur deux aspects particuliers de ces statistiques. D'abord, force est de constater que le coût des amendes imposées aux distributeurs surpasse de loin celui des amendes imposées aux individus. Ainsi, en 1969, les Éditions du Siècle étaient condamnées à payer 800$ (plus les

Tableau 3.3
*Cas de censure et poursuite des distributeurs à
Montréal, Code criminel fédéral, 1955-1975*

Année	Nombre de cas
1955	0
1956	0
1957	0
1958	0
1959	1
1960	3
1961	2
1962	0
1963	1
1964	5
1965	4
1966	5
1967	0
1968	2
1969	10
1970	191
1971	27
1972	0
1973	0
1974	0
1975	0

Tableau 3.4

Précisions sur la poursuite des distributeurs à Montréal,
Code criminel fédéral, 1968-1971

Année	Entreprise	Nombre total de poursuites	Frais payés ($)	Frais payés y compris frais de cour ($)
1968	Éditions du Bélier	1	200	218
	Benjamin News	1	400	525
1969	Éditions du Bélier	1		
	Benjamin News	1		
	Éditions du siècle	1	800	800
	Entreprix Gérard Enr.	1	250	321,85
	Journal Offset	4	1 000	1013,25
	Publications Neoscope	1	200	227,50
	Trans World Record	1	300	300

Année	Entreprise	Nombre total de poursuites	Frais payés ($)	Frais payés y compris frais de cour ($)
1970	Distribution Métro	2	200	223,60
	Benjamin News	34	3 400	4 173,50
	Novell Distribution	139	6 500	7 877,75
	Éditions du Bélier	4	500	500
	Distribution Olympique	1	800	826
	Distribution Appolllon	11	1 100	1 254
1971	Distribution Olympique	1	800	826
	Métro Distribution	1	100	111,80
	Novell Distribution	3	1 500	1 548,40
	Distribution Appollon	22	2 200	2 508

frais de cour). Ensuite, à partir de 1970, nous remarquons qu'une amende était imposée pour chaque exemplaire d'une revue quelconque. Pour les distributeurs, il s'agissait là d'une pratique policière et juridique très coûteuse. Ces deux aspects de la censure à Montréal nous portent à croire qu'à un certain moment les autorités municipales ont décidé de cibler les distributeurs de revues[35]. Le nombre de poursuites et le montant élevé des amendes témoignent d'un plan d'action clairement concerté. L'efficacité de cette mesure peut être évaluée en examinant les statistiques des années après 1972. L'absence de poursuites après cette date découle possiblement du fait que les poursuites antérieures ont effectivement empêché les distributeurs de diffuser la littérature obscène.

Dans un dernier temps, nous nous devons de souligner les enjeux et les répercussions économiques de la censure de la presse jaune. En effet, les documents d'archives que nous avons consultés quant à la question témoignent de l'effet économique des tentatives visant certains vendeurs et distributeurs. Certaines lettres adressées au Bureau de la censure, par exemple, soulignent les conséquences économiques néfastes de la censure sur une maison d'édition lorsqu'une revue est censurée :

---

35. Soulignons également que la police, en plus de cibler les distributeurs, s'est intéressée à quelques vendeurs montréalais. Ainsi, en 1970, la Metropolitan News Agency a fait l'objet de 109 poursuites et a déboursé 3 354,80$ en amendes et frais de cour.

We have been hit rather hard by magazines being suspended which has forced us to reduce our staff. It is with this in mind that we are most anxious for you to reach an early decision on *Sir Magazine*, whose publishers go to the expense of printing a Canadian edition to keep within our laws[36].

Si cet auteur a signalé les conséquences de la censure sur son propre commerce, d'autres ont souligné ses répercussions néfastes sur l'économie en général :

If I may mention and if it is not out of place, perhaps you should also consider that both wholesaler or jobber, and retailer alike, throughout your fine province, no longer enjoy the profits on the distribution and sale of this magazine[37].

Les pertes économiques pour les maisons d'édition sont alors liées au fait que les revues en question sont mensuelles ou hebdomadaires. Lorsqu'une revue était censurée, ou même saisie, l'éditeur ne pouvait pas vendre les milliers d'exemplaires qui

---

36. Lettre de Jack Gracie, Montréal Newsdealers Supply Company au Bureau de la censure, 13 juillet 1954, ANQ, Régie du cinéma, E188, boîte 253, bord 21611, filière 9210.

37. Lettre de Phil Keenan, General Manager, *Pageant Magazine* au Bureau de la censure, 21 mai 1954, ANQ, Régie du cinéma, E188, boîte 253, bord. 21611, filière 9210.

étaient déjà imprimés. Comme l'a résumé un responsable du *Male Magazine* :

> [...] as you know, *Male Magazine* has a date on the cover and the thousands of copies which are now resting in our warehouses awaiting your word, represent complete loss to our company and to the wholesalers, until they are distributed[38].

Les pertes financières liées à la confiscation des revues hebdomadaires étaient même plus importantes que celles des publications mensuelles, étant donné que leur valeur dépendait de leur contenu et de l'actualité, notamment en ce qui concerne les potins sur les artistes. Une revue publiant des informations datées sur une artiste ne serait pas vendable. Même si de telles publications n'étaient pas jugées obscènes, leur saisie et le délai administratif associé aux démarches juridiques faisaient en sorte que le vendeur et le distributeur ne pouvaient plus les vendre, même si elles étaient jugées acceptables. En effet, les informations obtenues au cours de recherches dans les archives indiquent que les délais devant la cour étaient considérablement longs. À titre d'exemple, à la suite des saisies de *Jour et nuit* du 17 août 1957 et de *Rirathon* du 23 août 1957, les

---

38. Lettre de Martin Goodman, *Male Magazine* au Bureau de la censure, 5 mars 1952, ANQ, Régie du cinéma, boîte 253, bord. 21 611, filière 9210.

jugements– qui ne les condamnaient pas eu égard à la question de l'obscénité – avaient été rendus le 14 janvier et le 20 janvier 1958 respectivement[39]. Les vendeurs et les distributeurs se retrouvaient avec des revues qui avaient peu de valeur sur le marché. Le cas de *Nouvelles éclair* paraît encore plus troublant en ce qui concerne ces enjeux économiques. Une confiscation de 1 004 exemplaires de *Nouvelles éclair* a été effectuée le 24 mai 1956. Pourtant, le 11 septembre de la même année, le procureur général a retiré la plainte devant la cour[40]. Les revues en question n'étaient rendues à leurs propriétaires que cinq mois après leur publication, sans qu'aucun procès d'obscénité n'ait même eu lieu. Donc, le simple fait de poursuivre une revue pour obscénité avait des conséquences économiques importantes pour les éditeurs, les compagnies de distribution et leurs vendeurs, même si la publication était par la suite exonérée de toute condamnation.

En plus des pertes économiques occasionnées par la censure ou la saisie, temporaire ou permanente, de matériel jugé obscène, soulignons le libre cours des démarches et du processus juridique que les maisons d'édition, ainsi que les distributeurs et les vendeurs, devaient supporter à leurs frais : frais d'avocat, entre autres, afin de se défendre adéquatement contre les

---

39. Rapport annuel 1959, Police de Montréal, Centre de recherche Lionel-Groulx, P47/H10.

40. Rapport annuel 1959, Police de Montréal, Centre de recherche Lionel-Groulx, P47/H10.

poursuites auxquelles ils devaient alors faire face. Le recours aux avocats s'effectuait de façon proactive, par exemple, en communiquant avec le Bureau de la censure[41], ainsi que de façon réactive, c'est-à-dire en se défendant soi-même devant les tribunaux[42]. Les autorités religieuses et administratives prônant l'interdiction de la presse jaune reconnaissaient ces enjeux économiques liés à la censure. Dans une discussion de stratégies et de tactiques du Comité de surveillance de la littérature obscène à Montréal, par exemple, ses membres ont constaté les conséquences économiques des multiples poursuites entreprises contre les vendeurs et distributeurs :

As the main purpose is to eliminate offending publications, the members seemed of the opinion that the multiplication of cases and their prohibitive costs might attain the desired purpose[43].

Ici, le but ultime des réformateurs – l'éradication des journaux jaunes de Montréal – était atteint au moyen d'une multiplication de poursuites judiciaires puisque les frais de défense, tout autant que ceux

---

41. Voir par exemple la documentation au Bureau de la censure, ANQ, Régie du cinéma, E18, boîte 253, bord. 21611, 9210.

42. «City Seizure of Magazine Challenged», *Montréal Star*, February 25, 1960 ; «Newsdealer Raps Censor Board», *Montréal Gazette*, February 21, 1965.

43. Procès-verbal, Commitee appointed to study the steps to prevent the dissemination of obscene literature in Montréal, Cité de Montréal, June 28, 1960, p. 2.

qui étaient liés aux condamnations, avaient un effet marqué sur les activités des vendeurs et des distributeurs. Notre analyse suggère donc qu'une étude critique de la censure n'a d'autre choix que de tenir compte des enjeux économiques dans la production et de la diffusion des objets de la culture populaire. Autrement dit, c'est en attaquant les vendeurs et les distributeurs sur le plan économique que les autorités espéraient, à cette époque, éradiquer la littérature obscène à Montréal.

Tactiques et stratégies de censure frôlant l'illégalité

Jusqu'à maintenant, qu'il s'agisse de lois fédérales, provinciales ou de règlements municipaux, nous avons examiné les diverses stratégies juridiques, les diverses actions concertées ayant été déployées, envers les vendeurs et les distributeurs, afin de censurer les journaux jaunes. Les statistiques et les données citées précédemment témoignent d'initiatives renouvelées et tenaces en la matière.

La documentation consultée témoigne d'une pluralité de stratégies juridiques et réglementaires ayant été déployées à des fins de censure, mais nous nous devons de souligner aussi la mise en œuvre de stratégies frôlant les limites mêmes de la légalité. Un premier exemple se trouve dans un discours du maire Drapeau. Ayant déclaré la guerre aux journaux jaunes, il exigeait la collaboration des vendeurs et des distributeurs de la ville. Advenant le cas où ces personnes décidaient de ne pas coopérer, ils risquaient non seulement de subir certaines poursuites juridiques, à titre de distributeurs de publications « malsaines », mais aussi de perdre le permis de vente que leur accordait la Ville :

> Je donne présentement avis à tous les détenteurs de permis municipaux en vertu desquels la vente des journaux et revues est autorisée, qu'ils se verront refuser ou retirer de tels permis s'ils n'apportent pas à l'exercice de leur commerce une vigilance à la mesure de leurs responsabilités. Que chaque détenteur de permis soit donc prévenu. Et pour que nul d'entre eux ne puisse plaider l'ignorance, je prierai le Service de police de transmettre copie de la présente mise au point à tous les détenteurs de permis de vente de journaux et revues[44].

Ici, Drapeau exerçait un chantage certain. De deux choses l'une : soit vous collaborez à la lutte contre la littérature obscène, soit vous n'obtiendrez pas de permis de vente, quel qu'il soit ! Une telle tactique ne représentait pas une menace quant à une éventuelle poursuite contre les vendeurs et les distributeurs pour chacune des publications jugées

---

44. « Le maire Drapeau continuera la lutte contre les feuilles obscènes », *op. cit.*, p. 3.

immorales ; cela aurait constitué une stratégie conforme aux cadres juridiques en place. La situation était bien pire. Le maire Drapeau entreprenait une campagne afin que les vendeurs et les distributeurs de revues « malpropres » ne puissent se voir accorder un permis de vente autorisé par la Ville. Cette situation sonnera le glas non seulement de la vente des journaux jaunes par les vendeurs, mais aussi de l'existence d'un réseau entier de commerces et de travailleurs.

Cette menace aux vendeurs a été faite par Drapeau en 1956 afin d'insister sur la continuation de sa lutte. Nous remarquons un renouvellement de cette tactique de l'administration municipale en 1960. Le Comité de surveillance de la littérature obscène, à titre d'exemple, a proposé une surveillance étroite des vendeurs afin de pouvoir révoquer leurs permis :

It was therefore suggested to report to the Director of Finance as soon as two actions have been taken and judgements rendered in order that such permits be revoked. It was also stressed that if two actions are taken in virtue of By-law 2129 against the same establishment during the same year, the padlock law may apply[45].

_____

45. Procès-verbal, Commitee appointed to study the steps to prevent the dissemination of obscene literature in Montréal, Cité de Montréal, January 30, 1960, p. 2.

La Padlock Law – la loi du cadenas – fait référence à une loi adoptée en 1937 pendant le régime Duplessis. Cette loi visait à interdire la diffusion des idées communistes et autorisait la fermeture des établissements qui facilitaient le travail des socialistes au Québec – que cela soit un appartement privé, un cabaret ou un local associatif. Alors que cette loi visait surtout les communistes, on avait plus largement recours à ses pouvoirs dans le domaine de la moralité, notamment en fermant les salles de barbotte et les maisons closes[46]. Avant qu'elle soit déclarée illégale en 1957, cette loi, d'ordre juridique mais aussi symbolique, était très importante au Québec. Son application potentielle circulait toujours comme une menace pour des établissements et des commerces, bien illustrée par cette description de la réglementation des machines à boules (*pinball machines*): «Montréal tried to get rid of its thousand pinball machines with a bylaw. It failed, but stores tossed them out anyway, fearing city padlock powers[47].» Le discours de Drapeau et les commentaires du Comité de surveillance de la littérature obscène se situaient dans un tel cadre de pouvoir étatique: un recours à la loi du cadenas existait pour pouvoir fermer des établissements qui continuaient à vendre des journaux jaunes. La menace de

---

46. Daniel Proulx, *Les Bas-fonds de Montréal*, *op. cit.*; Daniel Proulx, *Le Red Light de Montréal*, *op. cit.*

47. Herbert Manning, «What Virtue Has Done to Montréal», *MacLean's Magazine*, October 1st, 1955.

révoquer un permis avait pour objectif la «collaboration» des vendeurs et l'éradication de ces revues de la ville. Nous observons dans cette tactique une stratégie qui était douteuse sur le plan juridique, frôlant l'illégalité car elle avait recours à la possibilité d'appliquer certaines lois qui – au moins officiellement – avaient été formulées dans le but d'encadrer des problèmes autres que la vente de journaux jaunes.

Finalement, la saisie de certains objets signale une forte possibilité de procédures illégales. Par exemple, le 23 avril 1959, la police de Montréal a saisi 208 photos obscènes d'un client au Cabaret Pal's[48]. Les plumitifs de la cour, par contre, ne contiennent aucun indice concernant cette confiscation, suggérant que les policiers se sont tout simplement emparés de ces photos sans qu'aucune poursuite quelconque soit entamée. La confiscation est mentionnée dans un rapport qui a pour objectif d'illustrer le travail méticuleux de la police dans ce dossier. De façon très stricte, la confiscation se faisait seulement si une publication ou une photo avait déjà été condamnée par le Bureau de la censure. Comme nous n'avons aucun détail sur le contenu des photos en question, cela demeure une possibilité. Mais il est aussi tout à fait possible, voire probable, que les autorités policières aient saisi des photos qui

---

48. Rapport annuel 1959, Police de Montréal, Centre de recherche Lionel-Groulx, P47/H10.

n'avaient pas été l'objet de censure préalable, sans néanmoins entamer aucune démarche juridique quelconque.

Les campagnes contre les journaux jaunes dans les médias n'étaient qu'une stratégie utilisée pour censurer ces publications. Les poursuites judiciaires offraient une autre tactique de censure. Page couverture, *Ici Montréal*, 22 mars 1958. Collection privée de Will Straw.

Conclusion

Un portrait préliminaire de la surveillance des journaux jaunes nous fournit des données importantes concernant les mécanismes de contrôle et les contradictions inhérentes aux stratégies de censure. Trois niveaux judiciaires ont été examinés en lien avec la censure des journaux jaunes à Montréal : la loi fédérale, la loi provinciale et les règlements municipaux. Puisque la plupart des recherches québécoises concernant la censure se limitent à une analyse du Code criminel canadien, la présente étude offre une nouvelle perspective sur l'histoire de la censure au Québec[49]. Notre examen de la question confirme que la loi provinciale ainsi que les règlements municipaux ont été également invoqués à des fins de censure. En effet, nous avons démontré, au moyen d'un recensement des cas de censure dans les plumitifs de la Cour municipale de Montréal, que pendant un certain nombre d'années on a eu recours au Code criminel beaucoup plus souvent qu'à la loi provinciale. En élargissant notre étude pour inclure l'application des règlements municipaux liés à la censure, nous avons également constaté que le contrôle des publications obscènes s'exerçait au moyen d'un cadre juridique municipal. En outre, les données des plumitifs de la cour municipale que

---

49. Pierre Hébert avec la collaboration d'Élise Salaün, *Censure et littérature au Québec : Des vieux couvents au plaisir de vivre, op. cit.*

nous avons recueillies révèlent une histoire de la censure dans laquelle les autorités policières et judiciaires s'attaquaient aux vendeurs et aux distributeurs eux-mêmes. Cette tactique semble avoir été efficace, car aucun cas de censure interpellant un distributeur n'a été documenté après la période couvrant les années 1969 à 1971.

Les historiennes qui s'intéressent à la réglementation de la culture populaire, de même qu'à la réglementation de la société dans un sens plus large, peuvent s'inspirer du portrait que nous venons de tracer de l'histoire de la censure au Québec. Une analyse approfondie de la réglementation ne peut pas se limiter au Code criminel; elle doit inclure un examen d'autres instances judiciaires[50]. À cet égard, notre premier portrait de la réglementation des journaux jaunes offre plusieurs pistes de réflexion d'ordre méthodologique concernant la recherche historique.

En plus de ces questions d'ordre méthodologique, le ciblage des vendeurs et des distributeurs visait surtout à avoir des répercussions économiques sur leurs activités, multipliant les frais liés aux poursuites judiciaires ou faisant en sorte que les vendeurs tout autant que les distributeurs se retrouvent avec des publications invendables, car elles étaient

---

50. Voir, par exemple, Mariana Valverde, « The Ethic of Urban Diversity : Urban Law and Local Norms », *Law and Social Inquiry*, vol. 33, n° 4 (2008), p. 895-923.

devenues obsolètes (par exemple, lorsqu'on les poursuivait pour obscénité, mais qu'on retirait la plainte quatre mois plus tard). Une analyse critique de la censure ne peut pas, à notre avis, négliger cet aspect fondamental de la lutte contre la littérature obscène : c'est sur le plan économique que les autorités ont tenté de faire cesser la vente des revues « malpropres » à Montréal.

Finalement, nous soulignons les stratégies quasi légales employées par les autorités municipales dans cette lutte : la menace de révoquer des permis de vente aux kiosques de journaux et le recours – à tout le moins sur le plan symbolique – à la loi du cadenas, qui pouvait fermer un commerce de façon définitive. Ces tactiques complétaient des démarches juridiques plus officielles, c'est-à-dire la mise en application de la loi provinciale, de la loi fédérale ainsi que des règlements municipaux.

Dans l'ensemble, nous observons en effet de nombreux moyens utilisés pour censurer la presse jaune à Montréal. D'une certaine manière, ce qui primait dans cette situation, ce n'était pas une loi ou un règlement en particulier, ni une menace ou un chantage afin d'obtenir la collaboration des vendeurs et des distributeurs. Ce qui comptait pour les réformateurs religieux et les autorités municipales, c'était l'éradication totale de ces publications « pourries » – peu importe la nature des méthodes plus ou moins efficaces pour atteindre cet objectif.

Chapitre 4

«Débarrasser la ville de Rimouski de ces déchets littéraires[1]»
La censure de la presse jaune à Rimouski

*Nous marcherons avec les autorités religieuses
pour protéger la morale publique et la bonne
administration de la chose publique. La ville de
Rimouski fera son devoir pour garder son
excellente réputation, tant au point de vue moral
qu'éducationnel et religieux[2].*

J USQU'À PRÉSENT, nous avons limité notre analyse
de la censure à un examen des actions entreprises
par la Ville de Montréal en la matière[3]. Étant donné
l'importance économique, culturelle et symbolique

---

1. Règlement municipal 537, Ville de Rimouski, 1958, reproduit dans *L'Écho du Bas-Saint-Laurent*, 6 février 1958, p. 7.

2. «Le maire de Rimouski et les échevins, à l'unanimité, appuient la lutte contre les mauvais journaux. Déclaration du maire», *L'Écho du Bas-Saint-Laurent*, 6 octobre 1955, p. 1.

3. Une version antérieure de ce chapitre a été publiée dans Viviane Namaste, «Débarrasser la ville de Rimouski de ces déchets littéraires: la sexualité et la censure des journaux jaunes à Rimouski dans les années 1950» dans *Une histoire des sexualités au Québec au XXᵉ siècle*, rédaction Jean-Philippe Warren, VLB, Montréal, 2012, p. 138-59.

de Montréal dans l'histoire du Québec, cette attention toute particulière sur la métropole se justifie très bien : c'était à Montréal que la majeure partie des livres et journaux étaient imprimés, distribués, vendus et lus. L'interdiction des publications jugées malsaines visait alors principalement des revues ainsi que des produits culturels déjà en circulation à Montréal. Cela dit, bien que ce cadre d'analyse soit tout à fait pertinent pour comprendre l'histoire de la censure au Québec, au deuxième chapitre, nous avons aussi examiné l'influence du discours de la nation sur la pratique de la censure : il fallait purger le Québec de toute littérature obscène afin de protéger sa jeunesse et d'assurer, de renforcer même, la vigueur et l'avenir de la race canadienne-française. Étant donné ce discours, nous croyons qu'une analyse de la censure pratiquée à l'extérieur de la métropole s'impose. Est-ce que la censure effectuée à Sherbrooke, à Rivière-du-Loup ou à Sept-Îles s'organisait de la même manière que celle qui était effectuée à Montréal ? Y avait-il des différences importantes dans les pratiques et les formes de réglementation à l'extérieur de la métropole ? Un examen de l'interdiction des revues en région ne pourrait-il pas nous amener à comprendre, de manière plus globale, la censure ?

Voilà un certain nombre de questions qui ne semblent pas, aux yeux de certains chercheurs, constituer des pistes de réflexion prioritaires dans une étude approfondie sur la censure. En effet, la plupart des études scientifiques effectuées dans ce domaine se limitent à la censure effectuée à Montréal. Pierre Hébert justifie ce choix ainsi :

> Tant qu'à rappeler les limites de cette étude, en voici une autre, importante par ailleurs : je n'irai pas au-delà de la censure qui émane de Québec et de Montréal puisque là se passent la plupart des activités censoriales, les autres diocèses reprenant souvent les mêmes propos. En outre, comme on le verra, Québec et Montréal entretiennent un lien dialogique indisso-ciable sur le plan du contrôle de l'imprimé [...]. On acceptera, je l'espère, cette synecdoque méthodolo-gique : la partie que forme Québec représente certai-nement le tout, en l'occurrence le Québec[4].

L'argumentation d'Hébert s'inscrit parfaitement dans le cadre énoncé au début de ce chapitre, c'est-à-dire l'importance économique, culturelle et sym-bolique de la métropole. Montréal ayant joué un rôle central dans la production et la consommation de la culture au Québec, il va de soi qu'une analyse de la réglementation de la culture instaurée dans cette ville nous sert de point de départ. Bien que nous acceptions l'importance de Montréal pour bien comprendre la culture au Québec, nous soulevons toutefois un certain nombre de questions quant aux

---

4. Pierre Hébert avec la collaboration de Patrick Nicol, *Censure et littérature au Québec. Le livre crucifié*, *op. cit.*, p. 16-17.

arguments présentés par des chercheurs comme Hébert afin de justifier un tel choix.

D'abord, Hébert a recours aux procès d'obscénité tenus majoritairement dans de grandes villes comme Montréal et Québec. Or, comme nous l'avons démontré au chapitre précédent, au cours du xxᵉ siècle, les interdits touchant la littérature s'effectuaient au moyen des lois provinciales et des règlements municipaux. Le cadre juridique englobant l'ensemble des règlements municipaux nous pousse d'ailleurs à examiner de plus près la censure telle qu'elle était pratiquée dans plusieurs autres endroits où de telles dispositions juridiques étaient en place au Québec. De plus, les procès invoqués par Hébert concernent souvent des cas célèbres impliquant une littérature jugée érudite, savante, voire une littérature dite de haute culture. Bien qu'une étude de la censure de ce type de littérature soit évidemment importante, comprendre la raison et la manière dont était appliquée la censure à l'époque des années d'après-guerre requiert que nous prenions aussi en considération l'interdiction des journaux plus populaires. Conséquemment, si notre analyse ne tient compte que d'un nombre restreint de procès célèbres, procès s'étant déroulés en métropole et impliquant des objets de haute culture, nous risquons de passer outre aux diverses tactiques censoriales déployées précisément contre la culture populaire en région.

Un examen attentif de la censure en région s'avère même capital lorsque nous étudions la lutte contre les journaux jaunes au Québec. En effet, les campagnes organisées contre ces publications n'étaient pas limitées à de grandes villes telles Montréal ou Québec. Au contraire, des initiatives concertées et bien structurées contre la presse jaune étaient organisées partout dans la province. En analysant la situation à Montréal au premier chapitre, nous avons été en mesure d'exposer les campagnes menées contre la littérature obscène par la Ligue du Sacré-Cœur et la Ville de Montréal. Montréal était pourtant loin d'être la seule ville ou municipalité au Québec qui témoignait d'activités dans le domaine. Des croisades du même genre ont été menées dans les villes avoisinantes de Montréal, par exemple à Verdun[5]. On constate des initiatives semblables dans les Laurentides (Sainte-Agathe)[6], à Drummondville[7], à Sorel[8] et à

---

5. « La guerre aux publications obscènes reprend de la valeur par suite d'une autre saisie », *Le Devoir*, 25 mai 1956 ; « Verdun veut censurer les publications qui "offensent la morale" », *La Patrie*, 24 octobre 1956, p. 9 ; « La littérature obscène devrait être arrêtée », *La Patrie*, 10 novembre 1955, p. 4 ; « Mesures contre la littérature obscène », *L'Action catholique*, 10 novembre 1955, p. 1 ; « Verdun veut lutter contre les revues et photos immorales », *L'Action catholique*, 26 octobre 1956, p. 11.

6. « Les syndicats catholiques et la ville de Ste-Agathe entrent dans la lutte », *Le Devoir*, 24 septembre 1955.

7. « La censure des publications (Règlement concernant la littérature obscène adopté à Drummondville) », *Le Devoir*, 28 janvier 1958.

8. « Félicitations de St-Joseph de Sorel au Maire Drapeau », *La Presse*, 1er octobre 1955.

Trois-Rivières[9]. La lutte organisée contre les journaux jaunes a été déclarée dans les plus grandes villes comme Québec[10] et Sherbrooke[11], tout comme dans les petites municipalités du golfe du Saint-Laurent[12] et de la région du Saguenay–Lac-Saint-Jean[13]. À l'instar de Montréal, les réformateurs habitant de petites villes en région telles que Sainte-Anne-de-la-Pocatière s'organisaient pour éradiquer ces revues populaires de leur région

---

9. « Un nettoyage énergique s'impose dans les publications, cravates, mouchoirs, jeux de cartes et autres articles de nudisme », *L'Action catholique*, 18 octobre 1955, p. 3.

10. « La question de la censure des publications obscènes vendues à Québec préoccupe nos administrateurs municipaux – Intervention de M. Mecteau », *L'Action catholique,* 27 juillet 1955, p. 1 ; « La lutte à l'obscénité », *L'Action catholique*, 24 mars 1960, p. 16 ; « Deux publications jugées obscènes saisies à Québec », *La Presse*, 12 mars 1960 ; « Éditeur montréalais accusé pour la publication d'un livre obscène, "Après-ski", à Québec », *L'Action catholique*, 12 janvier 1967, p. 3 ; « La SPQ saisit plus de 12 000 livres et revues pornographiques », *L'Action catholique*, 1er mars 1968, p. 3 ; « Une cause-type sur les publications obscènes », *L'Action catholique*, 4 février 1969, p. 11 ; « Vaste opération de "gazettes" polluées », *L'Action catholique*, 26 mai 1971, p. 1.

11. « Sherbrooke lutte contre la littérature obscène », *La Patrie*, 16 février 1955, p. 12.

12. Voir par exemple la brochure sur la lutte contre les journaux jaunes dans le golfe du Saint-Laurent, AAR, Fédération diocésaine des ligues du Sacré-Cœur de Rimouski, boîte 2, dossier sans nom.

13. Sur la lutte à Hébertville-Station, voir « La moralité publique est à réglementer », *L'Action catholique*, 24 mars 1960, p. 21. Pour des informations sur les activités à Chicoutimi, voir « Résumé du travail accompli dans les CDAC depuis trois mois », annexe 1, procès-verbal, Comité consultatif des diocèses, Action catholique canadienne, Montréal, 21 et 22 mai 1955, p. 1, AAR, Secrétariat d'action catholique de Rimouski, boîte 9.

respective[14]. Des campagnes organisées et structurées contre les journaux jaunes peuvent être recensées dans presque tous les coins de la province. Ce
fait en soi justifie que nous portions une attention
particulière aux variations régionales. Ces campagnes impliquaient également une coordination
provinciale, l'Union des municipalités du Québec
faisant une priorité de cette lutte contre la littérature
obscène dans les années 1950[15]. Toutes ces initiatives,
évidemment, appuyaient un programme plus vaste
de moralité des catholiques et des réformateurs sur
le plan local, national et même international. À cet
égard, l'interdiction des revues dans un petit village
au Saguenay était une action liée à une réforme
morale internationale[16].

---

14. «Comité diocésain de Moralité à Ste-Anne-de-la-Pocatière»,
L'Action catholique, 27 mars 1956, p. 2.

15. «Premier congrès du Comité provincial de moralité publique»,
La Patrie, 29 août 1956, p. 3 ; «L'Union des municipalités et la littérature
immorale», *L'Action catholique,* 22 septembre 1955, p. 3.

16. Pour plus d'informations sur les campagnes de moralité au
Canada anglais, voir «Croisade de décence à Toronto contre les publications obscènes», *La Patrie,* 28 octobre 1955, p. 24 ; «Une croisade dans
tout le pays contre les publications obscènes», *L'Action catholique,* 29 mars
1956, p. 2 ; «Les femmes catholiques du Canada réclament l'exclusion
du Canada des publications étrangères qui offensent la morale et le
crime», *L'Action catholique,* 1er décembre 1960, p. 3 ; et Mary-Louise
Adams, «Youth, Corruptibility and English-Canadian Post-War
Campaigns», *loc. cit.* Pour situer ces actions dans un contexte international, voir «L'action moralisatrice doit se faire sur une base internationale», *La Patrie,* 9 octobre 1955, p, 92 ; «Un organisme international pour
la moralité publique», *La Patrie,* 22 septembre 1955, p. 3, et le *Bulletin* de
l'Union internationale pour la protection de la moralité publique.
Quelques numéros de ce bulletin se trouvent à la bibliothèque de

Étant donné l'ensemble des activités liées à la censure dans toute la province de Québec ainsi que le manque d'études scientifiques sur la censure en région, nous croyons qu'en dirigeant notre attention sur une région en particulier nous contribuerons grandement à une compréhension plus élargie du phénomène de la censure. Au lieu de procéder à un grand survol de toutes les initiatives de censure dans tous les villages de la province, nous nous attarderons à un lieu en particulier – la ville de Rimouski. À titre d'étude de cas, notre analyse de la censure à Rimouski illustre les formes et les pratiques de réglementation courantes dans les petites villes et les petits villages du Québec. Rimouski représente un objet d'étude intéressant sur plusieurs plans : pendant les années 1950, il y avait de nombreux échanges entre les gens de Rimouski et les réformateurs de Montréal ; sur le plan géographique, la ville se trouve assez loin de la métropole (ce qui n'est pas le cas, par exemple, d'autres villes, comme Sherbrooke) ; lors d'un congrès en 1956 de la Fédération diocésaine des ligues du Sacré-Cœur, les actions entreprises à

---

l'UQAM, Section livres rares, Fonds Patenaude, HV8067, A1U55. Une analyse de la dimension internationale des campagnes de moralité publique se trouve dans Mathieu Lapointe, *Nettoyer Montréal*, op. cit., p. 262-263 ; voir également Mathieu Lapointe, « Beaucoup trop Chicago : la campagne de moralité publique montréalaise dans ses contextes internationaux », *Bulletin d'histoire politique*, vol. 24, n° 1, automne 2015, p. 20-29.

Rimouski ont été citées comme des exemples à suivre ailleurs[17] ; en 1958, la Ville de Rimouski a même adopté un règlement municipal interdisant la vente des journaux jaunes. Pour toutes ces raisons, Rimouski offre un point de départ intéressant et prometteur pour étudier la censure de la presse populaire en région. Le choix de Rimouski, évidemment, n'exclut pas l'investigation de la censure dans d'autres villes, villages et municipalités en région, un défi que d'autres chercheuses pourront tenter de relever à l'avenir[18].

Procédons maintenant à un survol des campagnes officielles lancées à Rimouski dans les années 1950. Nous examinerons ensuite plus précisément les activités des Ligues du Sacré-Cœur et de la Ville de Rimouski. Tout comme pour Montréal, nous examinerons la censure proscriptive et prescriptive, ainsi que le travail idéologique réalisé. Une fois cette analyse terminée, nous comparerons les tactiques et les formes de censure à Rimouski avec celles qui étaient pratiquées à Montréal.

---

17. Voir *Quelques observations en marge du Congrès de la Fédération générale annuelle tenue à la Maison « St-Vincent-Ferrier »*, Douville (Saint-Hyacinthe), les 12 et 13 mai 1956 ; AAR, Secrétariat d'action catholique de Rimouski, boîte 2, dossier 255.01, Ligues du Sacré-Cœur.

18. Les références ci-dessus fournissent des données quant à certaines activités censoriales en région. Nous espérons que ces données s'avéreront utiles à d'autres chercheuses.

LE PROGRÈS DU GOLFE

54e ANNÉE (1904) No 44   RIMOUSKI, VENDREDI 7 FÉVRIER 1958   Abonnement : $3.00 par année

Une armée en marche contre la littérature obscène

Emboîtant le pas aux grandes et petites villes de toute la province, Rimouski vient de faire assaut de générosité afin d'enrayer la marée montante de la presse jaune et de la littérature obscène. A la suite de l'appel dramatique lancé par Son Excellence le Cardinal Léger, tout récemment, la plupart des régions du Québec se sont émues et la Nôtre ne fera certes pas moins.

Afin de mettre nos lecteurs au courant de toutes les démarches entreprises pour lutter contre l'immoralité dans les écrits, nous publions ci-après un extrait de la dernière lettre circulaire au clergé que nous a communiqué Son Excellence Mgr Charles-Eugène Parent, archevêque de Rimouski. Voici le texte de cet avis :

PUBLICATIONS OBSCÈNES

Vous avez sans doute pris connaissance des paroles très sévères de Son Éminence le cardinal Léger contre la littérature obscène. Le fait qu'il vient de s'élever à deux reprises, presque coup sur coup, contre ce fléau, témoigne bien de la gravité de ce danger. Presque simultanément, S. Exc. Mgr Maurice Roy et S. Exc. Mgr Arthur Douville revenaient sur le même triste sujet. Ce n'est pas la première fois que les Archevêques et Évêques du Québec s'élèvent la voix pour dénoncer la littérature ordurière, réclamer des pouvoirs publics une énergique répression et inviter les citoyens eux-mêmes à fermer leurs foyers à cette "odeur sulfureuse de l'enfer". Qu'on se réfère au communiqué de l'Assemblée Épiscopale de la Province civile de Québec, en date du 15 février 1955. Faut-il rappeler que la déclaration conjointe de l'Épiscopat sur le civisme, en 1956, couvrait pas mal de terrain, dont celui de la littérature malsaine ?

Quoi qu'il en soit, les plaies de destruction que nous soulignons aujourd'hui n'ont rien d'équivoque. Elles devraient encourager ceux qui sont déjà engagés dans l'action et inciter les autres à secouer leur apathie. Qu'on se garde de croire que le danger ne menace que la population de Montréal, de Québec ou d'autres grands centres. Ces publications malsaines sont mises en vente un peu partout, même dans nos localités les plus reculées, dans les petits restaurants. Il faut dire cependant que les rabatteurs méprisables qui ont passé des contrats de distribution ont attrapé la plupart de leurs clients, en leur refi-

lant, selon leur habitude, un mélange de journaux passables panaché de "papiers sales". Si on veut les premiers, il faut accepter aussi les seconds. C'est le genre de "commerce honnête et de bon aloi" de cette bande d'exploiteurs . . .

Ce qui nous dépasse tout de même, c'est que des gens dont on sait qu'ils ne tolèreraient pas que leurs journaux familiers, quotidiens ou hebdomadaires, exploitent le crime ou l'immoralité, ne se gênent pas d'acheter, d'introduire dans leurs foyers et de lire ces feuilles nauséabondes. Il est évident que s'il est urgent de construire une digue contre cette littérature pourrie et empoisonnée "qui charrie à pleines pages le sang, la boue et la volupté", il est non- moins nécessaire de tarir en face de leurs graves responsabilités dans ce domaine. Il faut avoir la conscience bien endormie pour se décider à prendre parti pour le bien, à se fabriquer eux-mêmes les convictions personnelles. Jadis, leur foi était à l'abri de ces tornades ; aujourd'hui, elle l'est de moins en moins. Chacun doit faire l'option qui s'impose : mettre son catholicisme avant ou après la littérature obscène, avant ou après son amusement, avant ou après la déviation de ses instincts, avant ou après la société qu'il habite. Nos catholiques croient-ils en Dieu, oui ou non ? Si leur foi demeure, elle comporte aussi des impératifs et ils ne peuvent nier ceux-ci s'ils conservent celle-là, autrement ils s'engagent dans des illogismes que tous saisissent.

Il nous faut donc apprendre à nos fidèles une plus grande estime de leur foi et de leur saine moralité. C'est à cette condition qu'ils sauront se protéger efficacement contre cette vague d'obscénité. Que dans chaque paroisse un comité de moralité monte la garde. Il semble bien qu'il revendrait à la Ligue du Sacré-Coeur d'organiser et de garder bien vigilant un comité de ce genre.

(Suite en page 6)

Pour le développement du Bas St-Laurent

Le docteur Huet Massue, économiste québécois et l'un des directeurs de l'Atomic Energy of Canada, Ltd., présidera les destinées d'un nouvel organisme portants intérêts dans le 2Bs St-Laurent.

L'un des premiers objectifs de l'Association est de rendre possible la navigation pendant l'an-

Réélu maire de Mont-Joli par 146 voix de majorité

M. Benoit GABOURY a été réélu maire de la ville de Mont-Joli lors d'un deuxième mandat, lors de la tenue du scrutin, samedi, le 1er février. Il a triomphé de son adversaire, M. le Dr René-A. Lepage, par 146 voix de majorité. Il occupera le fauteuil de premier magistrat de Mont-Joli durant trois autres années.

Les contribuables de Mont-Joli sont allés aux urnes dans une proportion de 75%, puisque des 1583 électeurs, 1154 se prévalu- rent de leur droit de vote.

Au siège No 1, M. Aurélien Lebel, échevin sortant de charge, a fut défait par son adversaire, M. Wilfrid Fiola, par 6 voix de majorité.

Au siège No 2, un autre échevin sortant de charge M. Edmond Roussel a été battu par 6 voix de majorité par M. François Morissette.

Au siège No 3, M. Henri Beaulieu a été réélu par 23 voix de pluralité triomphant de M. Maurice Fournier.

Le siège No 4 sera occupé par M. Ivanhoe Bourgoin qui fut réélu, par acclamation, lors de la mise en nomination.

Au siège No 5, M. Wilfrid Rioux fut réélu par 58 voix de majorité. Il a défait M. Fridolin Morissette.

Au siège No 6, M. Emile St-

Onge a défait l'échevin sortant de charge M. Joseph Pearson par 2 voix de majorité.

Ainsi, M. Gaboury fut reporté au pouvoir municipal avec trois de ses conseillers. Le Dr Lepage a fait élire trois de ses candidats. Un bureau de scrutin provisoire avait été établi, la veille, le 31 janvier, pour les employés du Canadien National. M. Gaboury y avait recueilli 13 votes et le Dr Lepage, 14.

Voici quelques chiffres émanant du bureau du secrétaire-trésorier M. Ernest Bleau, relativement aux votes enregistrés dans les six quartiers pour les deux candidats à la mairie de Mont-Joli.

	Dr R.-E. Lepage	M. Benoit Gaboury
Quartier No 1	55	67
Quartier No 2	99	131
Quartier No 3	64	109
Quartier No 4	88	81
Quartier No 5	69	158
Quartier No 6	115	91
	490	637
Bureau provisoire 14	14	13
	564	650

Majorité pour M. Benoit Gaboury : 146.

Dernière heure

Au moment où nous allons sous presse, la rumeur s'accrédite de plus en plus que Me Derome Asselin, de Rimouski, et M. Benoit Gaboury, de Mont-Joli, seraient proposés comme candidats du parti progressiste-conservateur lors de la convention, à Rimouski, dimanche après-midi. MM. Arthur Raymond, Ernest Boulanger et Jean Roch Goulet seraient également sur les rangs.

On annonce la Semaine de l'Éducation

Une grande Semaine de l'Éducation aura lieu encore cette année dans la région de Rimouski, du 2 au 8 mars prochain.

Placée sous le patronage de Son Excellence Mgr Charles-Eugène Parent et de Son Honneur le Juge G.-E. Blanchard, cette semaine adoptera comme thème : L'ÉDUCATION CONDITION DE L'ORDRE SOCIAL.

Pas d'argent pour notre boulevard

M. Albert Dionne, député libéral de Rimouski à l'Assemblée Législative, a invité, mercredi soir, le gouvernement provincial à accorder une aide financière pour la construction d'un boulevard du St-Laurent, à Rimouski.

M. Dionne insista sur la nécessité d'un tel boulevard qui remplacerait une route bien inadéquate pour les besoins actuels.

La réponse négative de l'honorable M. Maurice Duplessis, premier-ministre, fut catégorique.

Dès maintenant nous pouvons dire à nos lecteurs que parmi les sujets d'importance qui seront traités, à sous forme d'assemblées publiques, de forums ou de causeries, il en est un, d'actualité brûlante, qui peut s'énoncer comme suit : QUELLE EST LA PRINCIPALE RESPONSABLE DES DÉSORDRES SOCIAUX ACTUELS : LA FAMILLE OU L'ÉCOLE ?

Nouvel exécutif des Hebdos-Clés

nue à Montréal, à l'hôtel Windsor. Les autres membres de l'exécutif ce 1958 choisis lors de cette réunion sont MM. Gilles Paré, du Saint-Laurent, de Rivière-du-Loup, vice-président, Jacques Brillant, du Progrès du Golfe, Rimouski, secrétaire, et Lucien Guertin, de l'Écho de St-Maurice, de Shawinigan.

Une campagne annoncée contre les journaux jaunes faisait la une des journaux de Rimouski.
Le Progrès du Golfe, 7 février 1958, p. 1.

Des campagnes d'épuration des journaux jaunes

« Une campagne pour nous débarrasser de la littérature obscène. » Tel est le titre de la page couverture du journal *L'Écho du Bas-Saint-Laurent,* le 3 mars 1955, annonçant une lutte acharnée dans la région contre les publications malsaines[19]. L'initiative a été organisée par plusieurs associations locales. L'annonce d'une campagne à Rimouski n'était pas, bien sûr, un simple hasard, mais plutôt une stratégie idéologique qui prônait plus de visibilité dans la lutte contre l'immoralité. À cet égard, la Ligue du Sacré-Cœur a joué, à Rimouski, un rôle central dans l'articulation de cette campagne en coordonnant les associations religieuses et sociales, ainsi que l'administration municipale. S'inspirant des actions du CMP de Montréal, la Ligue du Sacré-Cœur a invité des groupes locaux à une discussion concernant la vente de littérature obscène dans la ville dans le but de former leur propre comité de moralité, éventuellement nommé le Comité de salubrité[20]. Plusieurs associations catholiques figuraient parmi les invités : les Chevaliers de Colomb, la Société de Saint-Vincent-de-Paul et les Dames de la Sainte-Famille, pour n'en nommer que quelques-unes. Dès le début

---

19. « Une campagne pour nous débarrasser de la littérature obscène », *L'Écho du Bas-Saint-Laurent*, 3 mars 1955, p. 1.

20. Voir l'invitation à la réunion ; AAR, Secrétariat d'action catholique de Rimouski, boîte 9, dossier J.A. Gagnon, Rimouski.

des actions entreprises, ce comité a obtenu la collaboration de l'administration municipale.

La lutte contre la littérature obscène impliquait un rapport étroit entre la situation à Montréal et celle en région. À propos de la presse jaune, on défendait l'importance de la pureté en région et la nécessité de protéger les jeunes contre les mauvaises influences venant de la métropole. Par exemple, dans un rapport rédigé en 1956 sur cette question, on a avancé l'idée que cette culture obscène, loin d'être propre aux régions, provenait plutôt des grandes villes :

> Livres mauvais : ces livres sont lus un peu plus souvent. Les élèves se les procurent en revenant de vacances : aux gares, restaurants où ils attendent le train. Certains autres proviennent des magasins de la ville[21].

Les avis de certaines autorités religieuses allaient même plus loin. Alors que les journaux jaunes provenaient de Montréal, il fallait expliquer leur arrivée en région à la suite des campagnes contre la littérature obscène dans la métropole :

> La campagne d'épuration de la littérature menée vigoureusement à Montréal et dans d'autres centres

---

21. Rapport, École de technique de Rimouski, 27 mai 1956 ; AAR, Fédération diocésaine des ligues du Sacré-Cœur de Rimouski, boîte 2, dossier Littérature obscène, enquête dans le diocèse, 1956.

importants de la province n'a pas eu pour effet de repousser dans les petites villes et jusque dans les plus modestes villages cette marchandise que les producteurs ne peuvent plus faire consommer à la grande ville[22].

Dans nos recherches sur la censure au Québec, cette argumentation confirme l'importance de porter attention aux régions. En ce qui a trait à la culture populaire, les acteurs dans ce domaine voyaient un lien direct entre l'éradication des journaux jaunes à Montréal et leur disponibilité dans les plus petits villages.

La campagne à Rimouski s'organisait autour de trois axes : la formulation de lois et de règlements dans le domaine, l'application des cadres juridiques déjà en vigueur et une censure prescriptive visant à promouvoir la bonne lecture. Considérons brièvement quelques-uns des principaux aspects reliés à chacun de ces éléments.

En ce qui concerne la formulation de lois, les acteurs dans le domaine ont fait pression auprès des gouvernements fédéral et provincial pour formuler la loi contre l'obscénité, notamment vers la fin des années 1950. Pour la formulation d'une nouvelle définition de l'obscénité dans le Code criminel, par exemple, on a écrit au ministre de la Justice,

---

22. «La mauvaise littérature», *In Corde*, 4 (avril 1955), 105, disponible au AAR.

M. Fulton[23]. Alors que cet exemple est de compétence fédérale, les réformateurs ont également revendiqué des actions de la part de la province de Québec. Le Comité de salubrité de Rimouski a envoyé une lettre au premier ministre et procureur général Maurice Duplessis, dans le but d'exiger une censure plus sévère[24]. Et les intervenants dans ce domaine ont parfois ciblé une ou deux publications en particulier, établissant ainsi un objet d'attaque et revendiquant des actions concrètes de la part du gouvernement provincial. Le cas du journal *Les secrets de l'amour* est pertinent à cet égard : alors que le Bureau de la censure ne revendiquait aucun pouvoir de censure (la publication ne contenant pas d'images, donc de compétence fédérale selon la loi provinciale), les autorités religieuses ont tout de même exigé que les autorités provinciales agissent :

> Quant à la brochure « Les secrets de l'amour », nous comprenons que le Bureau de Censure n'a pas juridiction car il s'agit de textes et non d'illustrations. Toutefois, vous verrez que les articles sont d'une perversité exceptionnelle et nous nous demandons

---

23. Voir lettre au ministre Fulton, A.A. Bélanger, secrétaire des Ligueurs de Saint-Germain de Rimouski, 28 août 1958 ; AAR, Fédération diocésaine des ligues du Sacré-Cœur de Rimouski, boîte 2, dossier sans nom.

24. Lettre du Comité de salubrité de Rimouski à Maurice Duplessis, 21 janvier 1958 ; AAR, Action catholique du diocèse de Rimouski, cote 256.731, dossier Moralité.

s'il ne serait pas possible de faire quelque chose, malgré l'insuffisance de juridiction, pour que ces saletés disparaissent... Malgré cette grave lacune de nos lois, tout ce que le Gouvernement provincial pourra faire pour éliminer les textes obscènes sera grandement apprécié de tous les citoyens bien pensants[25].

Au-delà des conceptions du cadre juridique, les acteurs responsables de la croisade contre la littérature obscène à Rimouski ont exigé que les lois en vigueur soient appliquées afin d'assurer la propreté morale de la ville. Tout comme dans le contexte montréalais, on avait recours aux lois fédérale et provinciale sur les publications. Finalement, on a revendiqué une censure prescriptive afin de rendre disponible la littérature jugée saine et éthique. Nous reviendrons sur ce sujet sous peu.

Surveillance et actions au diocèse de Rimouski

Les bons catholiques de Rimouski ont travaillé de concert afin d'éradiquer les journaux jaunes de leur ville. Ces actions étaient souvent encadrées et

---

25. Lettre de R. Dubois, officier de la Fédération des ligues du Sacré-Cœur à Maurice Duplessis, 21 octobre 1954 ; AAR, Fédération diocésaine des ligues du Sacré-Cœur de Rimouski, boîte 2, dossier Moralité.

encouragées par les autorités religieuses. La Ligue
du Sacré-Cœur a d'ailleurs encouragé la formation
de comités de moralité semblables à ceux qui exis-
taient à Montréal afin d'organiser des actions dans
ce domaine dans chaque paroisse de la région. La
distribution d'une documentation pertinente à cet
égard était indispensable. Il s'agissait, dans la plupart
des cas, d'une liste des publications interdites, du
guide des LSC expliquant les enjeux de la question
de la moralité au Québec et offrant des suggestions
de pistes d'action (voir le chapitre 1), ou des feuilles
de renseignements sur les activités en matière de
censure ailleurs[26]. La coordination des activités
régionales par une fédération nationale de religieuses (telle que la Fédération nationale des ligues
du Sacré-Cœur) assurait que tous et toutes agissaient
de concert, que les gens revendiquaient les mêmes
résultats et que la visibilité de la campagne nationale
était accrue. Les documents d'archives nous révèlent
les orientations générales adoptées dans chaque
diocèse et paroisse au sujet de la censure – par
exemple, le lancement d'une campagne d'épuration,
la visite des vendeurs ou la formation d'un comité
de moralité. Les documents témoignent aussi
d'actions concertées d'une précision remarquable.

---

26. À ce sujet, voir par exemple le texte «Documentation sur la
littérature immorale» distribuée par la Fédération nationale des ligues
du Sacré-Cœur (Service de renseignements); AAR, Fédération diocésaine
des ligues du Sacré-Cœur de Rimouski, boîte 2, dossier Littérature
immorale – Ligues du Sacré-Cœur.

Ainsi, la Fédération générale des ligues du Sacré-Cœur a envoyé une lettre à tous ses diocèses en 1952, en indiquant des procédures administratives à suivre pour bien effectuer la censure. On demandait au secrétaire diocésain de se procurer deux exemplaires de trois publications en particulier (*People*, *Tab* et *Focus*) et d'envoyer une copie de chacune au procureur général[27]. Le diocèse demandait qu'on conserve une copie de cette lettre dans les archives du diocèse, et qu'on en fasse parvenir un exemplaire au Secrétariat général. De plus, on a fourni des «projets de lettre» destinés au procureur général, au ministre de la Justice et au ministre du Revenu national[28]. Finalement, on demandait aux diocèses de communiquer la réponse du procureur général à la lettre envoyée au Secrétariat général et d'aviser le Secrétariat général de la présence d'autres revues malsaines[29].

Une telle concertation s'est répétée en 1953 en ce qui a trait à la revue *Scoop*:

---

27. Lettre de Paul-Émile Gingras, chef du Secrétariat général, Fédération nationale des ligues du Sacré-Cœur, 13 février 1952; AAR, Fédération diocésaine des ligues du Sacré-Cœur de Rimouski, boîte 2, dossier Littérature immorale – Ligues du Sacré-Cœur.

28. «Projet de lettre» (circa février 1952); AAR, Fédération diocésaine des ligues du Sacré-Cœur de Rimouski, boîte 2, dossier Littérature immorale – Ligues du Sacré-Cœur.

29. Lettre de Paul-Émile Gingras, chef du Secrétariat général, Fédération nationale des ligues du Sacré-Cœur, 13 février 1952; AAR, Fédération diocésaine des ligues du Sacré-Cœur de Rimouski, boîte 2, dossier Littérature immorale – Ligues du Sacré-Cœur.

Il nous semble que nous devons dénoncer cette publication au Procureur général de la Province du Québec en raison de ses mauvaises illustrations. Comme l'an dernier, nous suggérons que vous écriviez au Procureur général...

Le succès obtenu précédemment nous encourage à poursuivre. Rappelons-nous que la coopération de chaque bureau diocésain est nécessaire au succès[30].

Si chaque bureau diocésain avait écrit une lettre concernant cette revue, le procureur général en aurait reçu des dizaines, voire des centaines, advenant le cas où la même action aurait été entreprise par chaque paroisse appartenant à un diocèse. Il est à noter que ce dossier concerne le premier numéro de la revue mentionnée, c'est-à-dire que *Scoop* venait tout juste de voir le jour. Une telle campagne orchestrée dans toute la province indique jusqu'à quel point cette publication devenait une cible.

Le travail de coordination joué par la Fédération des ligues du Sacré-Cœur consistait à surveiller tout autant qu'à documenter les campagnes de moralité. En 1956, le Diocèse régional de Rimouski étudiait la possibilité de poursuivre ses initiatives antérieures dans ce domaine. Afin de faire état de la situation, on a sollicité la collaboration de chaque paroisse :

---

30. Lettre de Paul-Émile Gingras, chef du Secrétariat général, Fédération nationale des ligues du Sacré-Cœur, 24 octobre 1953 ; AAR, Fédération diocésaine des ligues du Sacré-Cœur de Rimouski, boîte 2, dossier Littérature immorale – Ligues du Sacré-Cœur.

Nous voudrions avoir des renseignements précis du côté des mauvaises littératures pour pouvoir lancer une campagne diocésaine qui, espérons-le, sera le commencement d'une lutte soutenue contre ce venin qui glisse actuellement partout. Nous aurons des affiches à vous fournir.

On nous dit que la mauvaise littérature se répand de plus en plus. Est-ce vrai qu'il y en a même dans les petites localités éloignées des gros villages? Pouvez-vous nous dire ce qu'il en est chez vous? Faites votre petite enquête, sérieusement et discrètement. Écrivez-moi, sans faute, pour me dire ce qu'il en est. Nous avons besoin de savoir cela avant le 15 juin[31].

Les réponses fournies à cette demande nous permettent de mieux comprendre la situation dans son ensemble – les activités de censure, mais également le quotidien des personnes concernées. Au moins un répondant explique le délai de sa réponse en fonction de son travail: «Je suis cultivateur et j'ai beaucoup d'ouvrage à faire surtout dans le temps des semences. Je n'ai pas pu enquêter pour vous répondre avant le 15 juin [...][32]». D'autres lettres renseignent

---

31. Lettre de Wilfred Blanchet, aumônier diocésain, aux curés des paroisses et aux présidents des Ligues du Sacré-Cœur de Rimouski, 24 mai 1956; AAR, Fédération diocésaine des ligues du Sacré-Cœur de Rimouski, boîte 2, dossier Littérature obscène – enquête sur le diocèse, 1956.

32. Lettre d'Octanien Roy, Sainte-Anne-de-Métis, à Wilfred Blanchet, 24 juin 1956; AAR, Fédération diocésaine des ligues du

sur le taux élevé d'analphabétisme dans la population rurale, ce qui rend difficile une réponse claire à la demande formulée : « Tant que pour la littérature, il est très difficile pour moi de vous renseigner à ce sujet, car ont (sic) peut dire que les ¾ des gens ne savent pas lire[33]. » Malgré ces difficultés, les réponses officielles donnent des informations considérables sur la disponibilité des publications malsaines dans la région, ainsi que sur les initiatives entreprises pour les éradiquer. Les paroisses de Baie-des-Sables, de Saint-Marcellin, de Saint-Arsène, de Saint-Valentin, de Saint-Joseph-de-la-Plage et de Sainte-Paule ne constataient aucune revue insolite. Dans d'autres municipalités, on nommait quelques journaux en particulier – par exemple, *Photo journal* à L'Ascension-de-Patapédia[34], *Allô police* et *Modern Photography* à Saint-Jean-de-Dieu[35], et *Allô police* lu par deux jeunes à Saint-Octane-de-Metis[36].

Sacré-Cœur de Rimouski, boîte 2, dossier Littérature obscène – enquête sur le diocèse, 1956.

33. Lettre de Léon Caron, président, Saint-François-Viger, à Wilfred Blanchet, 12 juin 1956 ; AAR, Fédération diocésaine des ligues du Sacré-Cœur de Rimouski, boîte 2, dossier Littérature obscène – enquête sur le diocèse, 1956.

34. Lettre de Philippe Bélanger à Wilfred Blanchet, 11 juin 1956 ; AAR, Fédération diocésaine des Ligues du Sacré-Cœur de Rimouski, boîte 2, dossier Littérature obscène – enquête sur le diocèse, 1956.

35. Lettre de Charles Parent à Wilfred Blanchet, 31 mai 1956 ; AAR, Fédération diocésaine des ligues du Sacré-Cœur de Rimouski, boîte 2, dossier Littérature obscène – enquête sur le diocèse, 1956.

36. Lettre d'Octanien Roy à Wilfred Blanchet, 24 juin 1956 ; AAR, Fédération diocésaine des ligues du Sacré-Cœur de Rimouski, boîte 2, dossier Littérature obscène – enquête sur le diocèse, 1956.

Les résultats de cette enquête étaient transmis aux populations dans une lettre rédigée par l'abbé Wilfred Blanchet et envoyée aux paroisses. Des informations semblables sont également offertes dans les rapports des activités des Ligues du Sacré-Cœur. Chaque année, une ligue paroissiale devait remplir un formulaire décrivant ses activités et ses fonctions pendant l'année précédente. Les formulaires incluaient des modalités pour rendre compte des activités liées à la moralité. Dans une première version de ce formulaire, par exemple, on pose la question directement, en offrant quelques pistes de réflexion :

> Quelles autres initiatives la Ligue désire-t-elle signaler?
> Moralité publique, journaux, revues, lieux d'amusement, plages, modes, restaurants, lectures, organisations diverses...[37]

Alors que ce document laisse la possibilité de décrire des activités dans le domaine de la censure, une version ultérieure de ce formulaire encadre les actions des comités, demandant des informations sur un comité de moralité et de tempérance, par exemple :

---

37. Rapport annuel de la Ligue du Sacré-Cœur, formulaire circa fin des années 1940-début des années 1950 ; AAR, Secrétariat d'action catholique de Rimouski, boîte 2, dossier 255.01, Ligues du Sacré-Cœur.

- S'occupe-t-on de faire observer la loi des liqueurs, de l'éducation et de la tempérance?
- S'est-on préoccupé de la bonne tenue des restaurants et des lieux de loisirs, plages, salles d'amusement, vitrines, etc.?
- A-t-on continué de surveiller et d'empêcher la vente de mauvais livres et de mauvais magazines?
- Avez-vous trouvé de bonnes revues et de bons magazines pour remplacer les mauvais[38]?

Ici, nous remarquons que le formulaire demande plus d'informations concernant la censure (proscriptive et prescriptive), tout en regroupant ces activités sous une rubrique de moralité. Nous observons une évolution: alors que dans les années 1940 on demandait aux gens de faire enquête sur la moralité en général, vers le milieu des années 1950, on exigeait plus de précision sur les activités de censure.

Les informations disponibles dans les rapports annuels bien remplis confirment l'ampleur des actions entreprises dans ce domaine. Ainsi, à propos des journaux jaunes, à la paroisse Saint-François-d'Assise, on a averti les vendeurs «de ne plus les vendre[39]», à Saint-Hubert, on a procédé «en chassant des magasins

---

38. Rapport annuel de la Ligue du Sacré-Cœur, formulaire circa années 1950; AAR, Secrétariat d'action catholique de Rimouski, boîte 2, dossier 255.01, Ligues du Sacré-Cœur.

39. AAR, Ligues du Sacré-Cœur, boîte 3, dossier St-François-d'Assise, rapport 1957.

les mauvaises revues[40]» et à Saint-Jean-de-Dieu, on a agi «en cessant toute vente dans les limites de la paroisse[41]». La réussite des actions dans ce domaine a été réclamée à Saint-Alexis, une paroisse où «deux marchands ont arrêté la vente de ces journaux[42]», ainsi qu'à Saint-Rémi-de-Métis, où un «chef du groupe a fait disparaître une revue immorale dans une pharmacie ici[43]». La visite aux vendeurs a été utilisée comme tactique notamment dans les paroisses de Rivière-Blanche[44] (Saint-Ulric-de-Matane) et de Sully[45].

Les initiatives pour éradiquer la presse jaune de Rimouski ne se limitaient pas à la censure par interdiction. En effet, la censure prescriptive faisait partie intégrante d'une stratégie plus large visant à promouvoir la morale catholique en région. Vers la fin des années 1950, on constatait l'efficacité de l'interdiction des journaux jaunes dans les paroisses de la province. Mais on ne se contentait pas de ce succès. Dans une lettre envoyée aux curés de Rimouski, Gérard Hébert, le directeur adjoint de la Fédération

---

40. AAR, Ligues du Sacré-Cœur, boîte 3, dossier St-Hubert, rapport 1957.

41. AAR, Ligues du Sacré-Cœur, boîte 3, dossier St-Jean-de-Dieu, rapport 1957.

42. AAR, Ligues du Sacré-Cœur, boîte 3, dossier St-Alexis, rapport 1957.

43. AAR, Ligues du Sacré-Cœur, boîte 3, dossier St-Rémi-de-Price, rapport 1952.

44. AAR, Ligues du Sacré-Cœur, boîte 3, dossier St-Ulric-de-la-Rivière-Blanche, rapport 1955.

45. AAR, Ligues du Sacré-Cœur, boîte 3, dossier Sully, rapport 1958.

diocésaine des ligues du Sacré-Cœur de Rimouski, a souligné la complémentarité de la censure proscriptive et prescriptive :

> La campagne menée par les Ligues du Sacré-Cœur dans la province du Québec contre la mauvaise littérature n'a pas été vaine : 27 journaux spécialisés dans l'exploitation du sexe, du crime et du potinage ont disparu ; les survivants de la même espèce accusent une diminution sensible du tirage et certains se sont visiblement améliorés.
>
> De pareils résultats autorisent la fierté, certes, mais non le repos, car le principal reste à faire : le travail positif, c'est-à-dire une campagne en faveur de la bonne littérature[46].

Cette idée trouve un écho dans une autre lettre envoyée aux curés en 1960 par Hébert :

> Le rapport des Journées régionales d'étude tenues en mai dernier indique en premier lieu, parmi les campagnes apostoliques que les Ligues devraient mener actuellement, une campagne en faveur de la bonne littérature[47].

---

46. Lettre de Gérard Hébert, Fédération diocésaine des ligues du Sacré-Cœur, envoyée aux curés, 14 novembre 1959 ; AAR, Secrétariat d'action catholique de Rimouski, boîte 2, dossier 255.01, Ligues du Sacré-Cœur.

47. Lettre de Gérard Hébert, directeur adjoint, Fédération diocésaine des ligues du Sacré-Cœur de Rimouski, envoyée aux curés,

Selon Hébert, plusieurs actions s'inscrivaient dans le processus d'une telle censure prescriptive, notamment des clubs de lecture, des bibliothèques paroissiales, et un comité paroissial de littérature[48]. Hébert a félicité en particulier l'exposition de livres tenue auparavant à Mont-Joli – une activité pour faire connaître la bonne littérature auprès du grand public – et a suggéré que d'autres ligues en fassent autant en organisant un salon du livre dans leurs régions. On remarque également la présence à Rimouski de la librairie catholique Fides, laquelle avait d'ailleurs un dépôt à Matane. L'organisation d'une exposition de livres en 1961 à Rimouski – orchestrée par la Ligue du Sacré-Cœur avec la collaboration de Fides et de la commission scolaire – a été saluée en tant que moyen efficace pour combattre, à long terme, la mauvaise littérature :

> Il faut propager chez nos gens la coutume du livre-étrennes. Qu'ils s'habituent à offrir à leurs enfants d'abord des choses utiles à l'esprit. Les meilleures campagnes contre la mauvaise littérature ne peuvent jamais faire plus que le vide, et encore pour un

---

23 novembre 1960 ; AAR, Secrétariat d'action catholique de Rimouski, boîte 2, dossier 255.01, Ligues du Sacré-Cœur.

48. Sur ce sujet, voir également les demandes de former des comités paroissiaux du diocèse au sein de l'Action catholique, Lettre de Roger Dumais, secrétaire, Comité diocésain d'action catholique, sans date (circa 1955) ; AAR, Secrétariat d'action catholique de Rimouski, boîte 9, dossier J.A. Gagnon, Rimouski.

temps limité : le goût de la bonne littérature est l'unique solution permanente. Indéniablement, une exposition-vente de livres est un élément précieux de cette solution[49].

Les rapports annuels remplis par les paroisses témoignent d'activités concertées dans la procédure de censure prescriptive. Pour ne citer que quelques exemples, soulignons l'achat mensuel de 50 dollars de livres à l'École technique de Rimouski, livres en général achetés à la librairie Fides[50], la recommandation de « la bonne littérature » à la paroisse du Bic[51], ou bien la distribution de « bons romans » dans les magasins qui desservaient les bûcherons et ceux qui travaillaient dans le bois (une population estimée à 5 000 hommes)[52].

Les informations fournies dans les rapports annuels des Ligues du Sacré-Cœur de Rimouski, ainsi que la correspondance entre les paroisses et le diocèse, nous offrent un survol de l'ampleur des activités de censure dans la région. Que ce soit des

---

49. Lettre de Gérard Hébert aux curés, 6 novembre 1961 ; AAR, Secrétariat d'action catholique de Rimouski, boîte 2, dossier 255.01, Ligues du Sacré-Cœur, Campagne pour respect de la loi des liqueurs.

50. Rapport, École technique de Rimouski, 27 mai 1956 ; AAR, Fédération diocésaine des ligues du Sacré-Cœur de Rimouski, boîte 2, dossier Littérature obscène, enquête dans le diocèse, 1956.

51. AAR, Ligues du Sacré-Cœur, boîte 3, dossier Bic, rapport 1957.

52. Rapport, Diocèse du Golfe du Saint-Laurent ; AAR, Fédération diocésaine des ligues du Sacré-Cœur de Rimouski, boîte 2, dossier Affaires courantes.

communications formelles avec les instances gouvernementales pour exiger une application des lois contre certaines publications, une visite aux vendeurs ou bien la promotion de la bonne littérature dans les librairies, les catholiques de Rimouski se sont organisés pour bel et bien éradiquer les mauvaises publications de la ville et de la région.

Le travail idéologique de la censure à Rimouski

Tout comme à Montréal, la censure des journaux jaunes impliquait un travail certainement idéologique, c'est-à-dire la promotion de l'idée de la ville catholique. Plusieurs documents et instances témoignent d'un tel travail. En mars 1955, lorsque la Ligue du Sacré-Cœur de Rimouski a annoncé une campagne d'épuration des publications malsaines, des lettres de félicitations ont été envoyées par la Société Saint-Jean-Baptiste de Rimouski et par la Chambre de commerce de Rimouski[53]. De plus, le conseil de ville de Rimouski a adopté une résolution confirmant la collaboration entière de la Ville dans cette « campagne contre toute littérature qui offense

---

53. Lettre de la Société Saint-Jean-Baptiste de Rimouski, 21 mars 1955 ; lettre de la Chambre de commerce de Rimouski, 18 mars 1955 ; AAR, Fédération diocésaine des ligues du Sacré-Cœur de Rimouski, boîte 2, dossier Moralité.

la morale et les bonnes mœurs[54] ». Les réformateurs ont également pris le temps de féliciter les journaux locaux d'avoir publié des articles sur des campagnes d'épuration. Une lettre envoyée au *Progrès du Golfe* par la Ligue du Sacré-Cœur de Rimouski, par exemple, a cité ce « magnifique article » et a offert une suggestion pour l'avenir :

> Si une suggestion nous était permise, nous dirions que de tels articles devraient être publiés en première page, avec large manchette, afin d'attirer davantage l'attention générale sur un sujet de telle importance[55].

Cette lettre souligne l'importance d'une présence médiatique pour les réformateurs, une condition indispensable pour véhiculer le message que Rimouski était, après tout, une ville catholique.

Outre la résolution adoptée par la Ville de Rimouski, le maire a déclaré son appui inconditionnel dans cette lutte. Son discours, qui a été reproduit dans les journaux locaux de l'époque, mérite d'être cité en entier :

---

54. Voir Extrait de la séance du conseil, 7 mars 1955 ; joint à la lettre de la Ville de Rimouski à la Ligue du Sacré-Cœur, 10 mars 1955 ; AAR, Fédération diocésaine des ligues du Sacré-Cœur de Rimouski, boîte 2, dossier Moralité.

55. Lettre, Ligue du Sacré-Cœur au *Progrès du Golfe*, 18 octobre 1956 ; AAR, Fédération diocésaine des ligues du Sacré-Cœur de Rimouski, boîte 2, dossier Moralité.

Nous ferons notre devoir en combattant les journaux obscènes. Nous n'hésiterons pas à prendre les mesures nécessaires, légales, pour empêcher la distribution, dans notre ville, de ces feuilles sales, malsaines et qui détruisent la réputation des citoyens et ne connaissent aucune décence.

Nous marcherons avec les autorités religieuses pour protéger la morale publique et la bonne administration de la chose publique. La Ville de Rimouski fera son devoir pour garder son excellente réputation, tant au point de vue moral qu'éducationnel et religieux. Nous n'hésiterons certainement pas à prendre les mesures légales pour empêcher dans notre ville la distribution de ces feuilles malsaines qui détruisent la réputation des citoyens et ne connaissent aucune pudeur.

Quelle que soit la sentence que prononceront les juges contre les journaux montréalais en marge de la saisie de certaines feuilles à scandale, j'estime de notre devoir de demander à tous les citoyens de Rimouski de ne pas acheter, ni vendre ni contribuer à la diffusion de ces feuilles pornographiques ou obscènes qui constituent une grave plaie sociale [...].

Nous devons encourager cette œuvre, administrée sans rémunération, par des citoyens de Rimouski. Nous félicitons donc les personnes et les associations qui ont déjà entrepris un travail d'épuration chez nous[56].

---

56. «Le maire de Rimouski et les échevins, à l'unanimité, appuient la lutte contre les mauvais journaux», *loc. cit.*

En 1958, les élus de Rimouski ont adopté un règlement municipal interdisant la vente et la distribution des journaux jaunes. *Écho du Bas-Saint-Laurent*, 6 février 1958, p. 1.

Règlement municipal

REGLEMENT No: 537

Règlement visant à prohiber la distribution, la vente ou la livraison de tout journal, revue, pamphlet ou publication à caractère indécent ou obsène.

CONSIDERANT QU'une vague de publications littéraires ou imagées à caractère indécent ou obsène innonde actuellement nos kiosques à journaux, restaurants ou autres établissements de commerce;

CONSIDERANT QUE ces publications sont offertes en vente au public en général, sans considération d'âge;

CONSIDERANT QUE la jeunesse a une tendance toute naturelle à se plaire dans la lecture de ces publications malsaines, au grand détriment de sa formation intellectuelle et morale;

CONSIDERANT QU'un grand nombre de personnes, associations et organisations religieuse et civiles ont fait des représentations sérieuses aux autorités municipales afin qu'elles prennent les mesures appropriées afin de débarrasser la ville de Rimouski de ces dechets littéraires; de ces requérants pour le plus grand bien de notre population;

EN CONSEQUENCE, il est résolu à l'unanimité qu'un règlement soit adopté et, par les présentes, un règlement portant le numéro CINQ CENT TRENTE-SEPT (537) est adopté, statuant et décrétant ce qui suit, savoir :

1—Il est défendu de distribuer, de vendre ou de livrer dans tout établissement de commerce opérant dans les limites de la Ville de Rimouski tout journal, revue, pamphlet, magazine, périodique ou publication illustrées ou non, dont le texte se rapporte à des sujets, choses, personnes ou événements indécents ou obscènes. Sont également assujetties au présent règlement, les publications offrant des histoires de crimes, illustrées on non.

2—Les officiers de la Ville, dûment nommée à cette fin par résolution du Conseil, sont autorisés à visiter et à examiner toute propriété mobilière ou immobilière, ainsi que l'intérieur et l'extérieur des maisons, bâtiments ou édifices quelconques pour constater si les dispositions du présent règlement y sont observées : les propriétaires ou occupants de ces maisons, bâtiments ou édifices étant obligés d'y laisser pénétrer tels officiers pour les fins du présent règlement.

3—Ces officiers sont autorisés à confisquer tout article offert en vente, vendu ou livré en contravention avec les dispositions du présent règlement.

44—Toute personne qui contreviendra avec l'une ou l'autre des dispositions du présent règlement sera passible d'une amende n'excédant pas $40.00, sans préjudice des frais, laquelle amende sera recouvrable suivant la loi. A défaut du paiement de l'amende et des frais dans le délai fixé dans la condamnation, le délinquant sera passible d'un emprisonnement n'excédant pas trente jours, lequel emprisonnement ne cessera que par l'expiration du terme ou par le paiement, au préalable, de l'amende et des frais.

5—Le présent règlement entrera en vigueur selon la loi.

Cet appui se renforçait davantage en 1958 lorsque le conseil municipal de Rimouski a adopté un règlement interdisant la vente des publications indécentes ou des histoires de crimes (voir l'image). L'infraction à ce règlement était passible d'une amende de 40$ ou, si l'amende n'était pas payée, un emprisonnement qui n'excédait pas 30 jours.

Ce règlement, tout comme les règlements municipaux dans ce domaine à Montréal (cités au chapitre quatre), avait un effet à la fois juridique et symbolique. Sur le plan légal, le règlement offrait aux autorités municipales un outil supplémentaire pour combattre la presse jaune. La menace des amendes pouvait avoir un effet remarquable sur les activités et le succès d'un commerce, surtout si un vendeur devait payer une amende pour chaque exemplaire d'une publication jugée illicite. Mais le pouvoir de ce règlement ne se limitait pas au simple domaine juridique. En effet, l'adoption dudit règlement proclamait un climat de moralité saine dans la ville de Rimouski: ses autorités policières veillaient à la sécurité de ses citoyens, entendons par ceci la sécurité physique et morale. À cet égard, le règlement agissait comme symbole de la santé morale de la ville: on n'y trouvera pas de publications malsaines, car Rimouski était un endroit propre et vertueux. L'effet symbolique d'une telle initiative a d'ailleurs été souligné par les autorités religieuses. Napoléon Piotte, de la Fédération nationale des ligues du Sacré-Cœur, dans une lettre aux officiers diocésains, a proclamé que, parmi les actions à entreprendre dans ce domaine, il fallait « obtenir un règlement municipal, même s'il ne produit qu'un effet psychologique[57] ».

L'annonce d'une campagne d'épuration en 1955, son appui par les associations locales (SSJB, Chambre de commerce), la collaboration explicite de la Ville de Rimouski et l'adoption en 1958 d'un règlement municipal interdisant les publications malsaines sont des éléments divers qui témoignent de l'ampleur du travail de censure à Rimouski pendant les années 1950. En tout temps, nous remarquons deux aspects de cette lutte : premièrement, un rapport étroit entre les autorités religieuses et municipales et, deuxièmement, le caractère idéologique de ce travail, qui visait à déclarer et à promouvoir l'image de la ville comme étant saine, morale et catholique. Ce travail idéologique était complété par des actions dirigées contre les vendeurs de journaux à Rimouski, un sujet qu'on abordera dans la prochaine section.

---

57. Lettre de Napoléon Piotte, Fédération nationale des ligues du Sacré-Cœur aux officiers diocésains, 16 octobre 1958, p. 2 ; AAR, Secrétariat d'action catholique de Rimouski, boîte 2, dossier 255.01, Ligues du Sacré-Cœur.

«Cet avertissement charitable»[58] : le ciblage des vendeurs à Rimouski

Dans notre analyse de la censure à Montréal, nous avons démontré que, contrairement à la censure effectuée en Alberta dans les années 1950[59], les campagnes à Montréal n'ont pas sollicité la collaboration des distributeurs de revues. Par contre, les groupes religieux visitaient les vendeurs ; ils demandaient une collaboration active de leur part et leur proposaient une affiche déclarant qu'ils ne vendaient pas de publications offensant la morale catholique. Nous observons une tactique semblable à Rimouski, par laquelle les réformateurs sollicitaient les vendeurs pour qu'ils appuient la lutte contre la littérature obscène. Cependant, Rimouski étant une petite ville, il existait des différences importantes entre les visites faites aux vendeurs à Montréal et celles qui étaient effectuées à Rimouski. En effet, dès l'annonce de la campagne en mars 1955, les autorités religieuses ont visité tous les vendeurs de la ville – une démarche qui n'aurait pas été possible à Montréal, étant donné le grand nombre de kiosques, de pharmacies, de restaurants et de cabarets qui vendaient des journaux jaunes. Dans une plus petite ville, par contre, des visites ciblées et systématiques de tous

---

58. Lettre du conseil des Ligues du Sacré-Cœur de Rimouski, 13 avril 1961 ; AAR, Fédération diocésaine des ligues du Sacré-Cœur de Rimouski, boîte 2, dossier sans nom.

59. Bruce Ryder, «Undercover Censorship», *loc. cit.*

les vendeurs pouvaient assurer un arrêt de la distribution des revues « malpropres ».

La collaboration des vendeurs a été facilitée par la suggestion d'un des vendeurs. Il a proposé que les vendeurs signent un engagement d'honneur concernant la vente des publications[60]. C'est avec cet engagement que les groupes religieux, notamment l'Action catholique et la Ligue du Sacré-Cœur, se sont présentés aux vendeurs. Le texte de l'entente déclarait que le vendeur appuie la lutte contre la littérature obscène, et qu'il s'engage à ne pas vendre de publications provocantes, insolites ou figurant sur la liste des publications interdites fournie par le Comité des associations de Rimouski pour la lutte aux publications malsaines. Le texte intégral de cet engagement est reproduit à la page suivante.

Le succès de cette stratégie est à remarquer, même si l'on constate que son application était plus difficile. Dans un rapport sur ses activités en 1956, l'Action catholique a déclaré :

Sur le plan de la ville de Rimouski, il y eut quelques rencontres avec les vendeurs qui ont accepté de signer un *engagement d'honneur* pour lequel ils décidaient de bannir de leurs kiosques toute littérature jugée

---

60. L'attribution de cette stratégie au vendeur se trouve dans le document de Mme Charles Demers, « Diocèse de Rimouski », Comité diocésain d'action catholique, mai 1955 ; AAR, Secrétariat d'action catholique de Rimouski, boîte 9, dossier J.A. Gagnon, Rimouski.

Ils avaient signé une promesse d'honneur

Le Comité des Associations de Rimouski dans la lutte pour l'assainissement de la littérature faisait signer, en 1955, par 20 des 22 vendeurs de journaux et magazines un ENGAGEMENT D'HONNEUR que nous reproduisons ci-dessous:

Rimouski, 21 mars 1955

Répondant de tout coeur aux directives de LL. EE. NN. SS. les archevêques et évêques de l'Assemblée épiscopale de la province civile de Québec demandant que soit entreprise une croisade contre la littérature obscène, je m'engage sur mon honneur à ne pas vendre ou distribuer, au meilleur de ma connaissance, des périodiques ou "pocket-books" qui:

1 — Louent ou admettent des personnages ou des actes répréhensibles;
2 — Contiennent une matière provocante pour la passion sexuelle;
3 — Mettent en vedette l'amour défendu;
4 — Utilisent un langage blasphématoire ou obscène;
5 — Comportent des illustrations indécentes ou suggestives;
6 — Annoncent des marchandises pour esprits pervertis.

Je m'engage plus particulièrement à ne pas vendre ou distribuer les publications dont la liste me sera transmise de temps à autre par le Comité des Associations de Rimouski pour la Lutte aux Publications Malsaines et dont une première liste apparaît à cet engagement.

Et jai signé ....

Le Comité fait actuellement enquête sur la façon dont les promesses ont été respectées.

À Rimouski, les vendeurs des journaux ont signé des promesses de ne pas vendre de la littérature obscène. Les groupes religieux ont mis beaucoup de pression sur les commerces de la région, les menaçant d'un boycottage s'ils continuaient à offrir des publications considérées malsaines. AAR, Fonds d'archives de l'archidiocèse de Rimouski, cote A20, Littérature obscène. Article publié dans *L'Écho du Bas-St-Laurent*, 26 mars 1958, p. 13.

mauvaise par le comité. Ces signatures des vendeurs ont été sollicitées individuellement par une visite à chacun des 32 vendeurs de la ville. Tous ces engagements n'ont pas été respectés[61].

La dernière phrase de ce résumé soulève l'écart réel qui existait entre la signature d'un engagement d'honneur et son application dans les faits.

Lorsqu'on constatait qu'un commerce en particulier vendait, sur une base régulière, des publications malpropres, on contactait directement le propriétaire. On encourageait la collaboration dans la lutte contre la littérature obscène, mais on menaçait de faire un boycottage de son commerce s'il continuait à vendre des publications défendues. Une lettre illustre bien cette stratégie :

[...] le conseil de notre ligue, soucieux de la morale des membres et des paroissiens, vous prie encore une fois de renoncer à la vente des revues ou hebdomadaires mentionnés sur la liste jointe.

Si cet avertissement charitable ne donne pas les résultats désirés, le conseil se verra dans l'obligation d'avertir tous ses membres de retirer tout patronage ou encouragement, de quelque nature que ce soit, à

---

61. Voir l'annexe 3, Compte rendu du Comité catholique diocésain, 8 et 9 juin 1957 ; AAR, Secrétariat d'action catholique de Rimouski, boîte 9.

un vendeur qui fait fi des convictions de ses semblables et ruine leur action apostolique[62].

Cette lettre a été envoyée, en copie conforme, à
une vingtaine d'associations locales, dont la
Chambre de commerce, la SSJB de Rimouski, les
Dames de Sainte-Famille, le Club Richelieu, la
Société de Saint-Vincent-de-Paul, les Ambulances
Saint-Jean, le Syndicat catholique et la commission
scolaire. La menace de boycottage et l'invitation
lancée aux autres associations d'appuyer une telle
démarche auraient sans doute eu de graves conséquences sur les affaires d'un commerce local. Et dans
une petite ville comme Rimouski, une campagne de
boycottage appuyée par des dizaines d'associations
locales sonnerait le glas du commerce. Nous observons ici une censure qui s'organise et s'effectue au
moyen des enjeux économiques.

Conclusion

Nos analyses de la censure effectuée à Rimouski
indiquent l'importance de porter attention aux
mécanismes de répression qui étaient employés en
région. Nous constatons qu'une coordination

---

62. Lettre du conseil des Ligues du Sacré-Cœur de Rimouski,
13 avril 1961 ; AAR, Fédération diocésaine des ligues du Sacré-Cœur de
Rimouski, boîte 2, dossier sans nom.

remarquable des actions dans ce domaine était organisée par les Ligues du Sacré-Cœur, lesquelles voulaient orienter leurs actions dans la même direction. Plusieurs tactiques semblent similaires à celles de Montréal – par exemple, des plaidoyers pour reformuler le cadre juridique, des demandes pour une application accrue de la loi provinciale ou bien la promotion d'une censure prescriptive. Mais nous remarquons également l'importance de certaines actions à Rimouski qui étaient moins présentes à Montréal. La pression exercée sur les vendeurs – que ce soit par la signature d'un engagement d'honneur ou par la menace d'un boycottage organisé contre un commerce – agissait pour isoler les gens tenus responsables de la présence de ces revues à Rimouski, c'est-à-dire les vendeurs. Nous observons ici une différence importante en ce qui concerne la censure effectuée à Montréal, dans la mesure où le bassin de population à Rimouski était beaucoup moins grand que celui de Montréal. Cette stratégie se fondait sur la santé financière d'un commerce quelconque : la menace d'un boycottage pouvait faire fermer le commerce du vendeur de façon définitive, surtout dans le contexte plus restreint de Rimouski où l'on pouvait facilement passer le mot de ne pas fréquenter un tel établissement. À cet égard, les menaces de boycottage à Rimouski avaient beaucoup plus d'effet que dans la métropole.

Notre survol de la censure de la presse jaune à Rimouski soulève le rôle central de l'économie dans notre analyse : l'émergence d'un marché pour les journaux jaunes en région à la suite des campagnes d'épuration en ville ou les actions qui attaquaient la base économique d'un vendeur. Cet élément économique de notre étude demeure pertinent pour une analyse de la censure, surtout en région. C'est en considérant les enjeux économiques que nous pouvons mieux comprendre les tactiques de répression auxquelles on avait recours à Rimouski. À cet égard, nous soulignons l'importance d'une approche méthodologique de la censure qui tienne compte des différences régionales au Québec, et qui considère les pratiques censoriales à l'extérieur des grandes villes. Nos recherches démontrent que les stratégies d'interdiction employées à Rimouski différaient des plus courantes qui étaient utilisées à Montréal.

Peu importe les stratégies employées, par contre, les acteurs dans ce domaine partageaient avec les réformateurs de Montréal la même vision de la société québécoise : une nation catholique, saine et morale. Les énergies déployées à Rimouski visaient à défendre la région contre une plaie sociale, la littérature obscène, et à assurer l'esprit vertueux de ses bons citoyens. Ces actions de censure complétaient d'autres initiatives catholiques à Rimouski, par exemple, des campagnes pour la modestie[63] ou

---

63. Nicole Thivierge, «Les messagères de Notre-Dame, un mouvement d'action catholique de l'est du Québec sur la modestie féminine», *Revue d'histoire du Bas-Saint-Laurent*, vol. XV, n° 1 (40), décembre 1991, p. 3-16

bien une surveillance étroite des stationnements de la ville, endroits où les amoureux rimouskois pouvaient être tentés par le diable[64]. La censure de la presse jaune assurait que les images sordides n'occuperaient aucune place dans la ville ou dans la conscience collective des citoyens. Les régions épurées ne laissaient aucune place aux représentations illicites venues de la métropole pour les dévergonder.

---

64. AAR, Ligues du Sacré-Cœur, boîte 2, dossier Voitures sous surveillance, comté de Rimouski.

Conclusion

Délivrez-nous, Seigneur, de certains artistes...[1]
Gérard Tessier, 1955

CETTE ÉTUDE EXPOSE LA CENSURE des journaux jaunes au Québec dans les années d'après-guerre. Son analyse offre de nouvelles perspectives sur l'histoire de la censure au Québec, principale-ment en lien avec trois éléments distinctifs de sa méthodologie. Alors que la majorité des écrits sur l'histoire de la censure examinent un cas célèbre et un objet culturel de l'élite, cette recherche se penche sur la culture populaire. Dans les années d'après-guerre surtout, la disponibilité de la presse populaire en général et des journaux jaunes en particulier a créé un contexte social dans lequel les réformateurs moraux ciblaient ces publications liées à la conscience collective du peuple.

Notre analyse juridique offre un nouvel angle pour comprendre une histoire d'interdiction des idées et des écrits ; la poursuite des vendeurs et des

---

1. Gérard Tessier, *Face à l'imprimé obscène*, Montréal, Éditions de la Feuille d'érable, 1955, p. 53.

distributeurs se faisant en invoquant les lois. Notre étude démontre l'importance des règlements municipaux dans ce contrôle social, un aspect juridique de la censure qui n'a pas été abordé par d'autres historiennes de la censure au Québec.

Finalement, notre recherche inclut une analyse de la censure en région, plus précisément dans la ville de Rimouski. À l'aide de documents d'archives, nous discutons de l'infrastructure de la censure à l'extérieur de la métropole, tout en différenciant les tactiques et les stratégies d'interdiction à Rimouski de celles qui étaient employées à Montréal. Nous soulignons aussi l'importance d'une analyse de la censure régionale, en raison d'un certain discours moralisateur qui visait à protéger la nation.

En plus d'exposer la censure de la presse populaire au Québec, alors qu'une version commune de notre histoire collective raconte que l'on a vécu une liberté absolue avec l'arrivée de la Révolution tranquille, nos recherches démontrent que l'interdiction des images, des écrits et des idées s'est bel et bien poursuivie pendant les années 1950 et 1960. Le travail des organismes religieux et celui des administrations municipales ont réussi en partie à éradiquer du paysage québécois des publications considérées comme malsaines. Nous avons examiné la censure de la presse populaire en particulier, puisque sa grande disponibilité pour les masses dans les années d'après-guerre a changé l'accès à la littérature en général. Outre une réflexion sur la censure à Montréal et en région (ainsi que sur les différences et les parallèles entre les tactiques employées), notre étude illustre les justifications implicites et explicites de la censure : une sexualité dévergondée, un besoin de protéger la jeunesse, l'importance de renforcer la race canadienne-française. Nous examinons la place centrale du droit dans les pratiques censoriales – que ce soit une loi provinciale des années 1950, des règlements municipaux à Rimouski ou le Code criminel du Canada. Notre analyse vise à expliquer le travail surtout idéologique de la censure – la répétition de certains discours, des campagnes de publicité bien orchestrées, des tentatives frôlant l'illégalité, mais qui avaient pour but de véhiculer un certain message, peu importe que les actions aient été portées devant les tribunaux.

Dans l'ensemble, les résultats de cette étude offrent une belle occasion de réfléchir sur l'histoire de la réforme morale au Québec. Mais notre travail s'avère utile au-delà du point de vue historique. En effet, notre analyse de l'histoire de la censure au Québec nous permet de mieux comprendre les formes, les stratégies et les tactiques de la censure à l'heure actuelle. En conclusion, nous considérons plusieurs éléments fondamentaux tirés de notre étude en lien avec des événements et des activités récentes de la censure au Québec et au Canada. Cette démarche démontre la pertinence de l'histoire (si nous pouvons apprendre de notre histoire !). Nous abordons certains des principaux enjeux présentés au cours de cet ouvrage : la justification de la censure par la sexualité, le discours de la protection de la jeunesse et l'importance d'une analyse économique dans nos réflexions sur les pratiques censoriales. Chaque thème nous aide à mieux connaître la censure sous ses formes actuelles au Québec et à constater que certaines de ses caractéristiques ressemblent à la censure d'autrefois.

Sexualité : la censure à Rimouski en 2008

Commençons notre discussion par un rappel de la place centrale accordée à la sexualité pour justifier l'interdiction totale des journaux jaunes. On décrivait ces publications comme « des feuilles fornicatrices[2] », des « feuilles pornographiques[3] » ou bien des « journaux sexuels[4] ». L'invocation du registre de la pornographie et de l'exploitation sexuelle servait d'assise aux actes de réforme morale. À Rimouski, au cours des dernières années, nous avons pu observer les mêmes tactiques pour censurer certaines publications, annonces et enseignes en région. En effet, une vaste campagne contre l'hypersexualisation organisée par le Centre d'aide et de lutte contre les agressions à caractère sexuel de Rimouski

---

2. *L'Écho du Bas-Saint-Laurent*, 24 novembre 1955.
3. *L'Action catholique*, 8 juin 1955, p. 1.
4. *Le Devoir*, 31 janvier 1955.

(CALACS-Rimouski) vise à interdire toute représentation à caractère sexuel ou sexiste. La campagne comprend plusieurs éléments : des ateliers de sensibilisation, des lettres écrites aux entreprises qui affichent des publicités sexistes, la production d'un guide sur l'hypersexualisation de la société, la visite des commerces, la rédaction de codes d'éthique commerciaux et un lobbyisme du conseil municipal pour la modification d'un règlement ayant pour objectif l'interdiction totale de toutes les représentations érotiques. Nous soulignons les parallèles entre ces tactiques et celles qui étaient employées par des organismes religieux dans les années 1950 à Rimouski : visites des commerces, publication de lettres, promotion des codes d'éthique et lobbyisme auprès du conseil municipal. En 2008, le CALACS-Rimouski a réussi à faire modifier un règlement municipal. Le but de ce changement était d'interdire l'affichage de représentations érotiques à l'intérieur et à l'extérieur des commerces, ainsi que sur les babillards publics[5]. Nous mettons également en évidence le travail concerté de plusieurs groupes et organismes en 2008 qui revendiquaient que l'on cesse de distribuer certains calendriers érotiques dans la région de Rimouski, notamment « Les déesses 2008 » et « Les plus belles filles de l'est du

---

5. Voir, par exemple, « Rimouski tire les rideaux », *Radio-Canada*, 17 juin 2008, www.radio-canada.ca/bas-st-laurent, dernier accès en novembre 2011.

Québec[6] ». Une lecture attentive de la liste des organismes engagés dans cette dernière campagne fait ressortir la présence non seulement des groupes féministes (par exemple, le CALACS-Rimouski, la Maison de femmes de Rimouski), mais également des organismes religieux tels que la Communauté des frères du Sacré-Cœur de Rimouski. Alors que dans les années 1950 la Ligue du Sacré-Cœur a joué un rôle fondamental dans la réforme morale du Québec, nous constatons à l'heure actuelle une étroite collaboration entre les féministes et l'Église dans la promotion de certaines images et de certaines idées sur le rôle de la femme au sein de la société québécoise.

Nous remarquons qu'aujourd'hui le travail idéologique de la censure à Rimouski fait écho aux mesures censoriales du passé. En mars 2009, en lien avec la campagne contre l'hypersexualisation, le CALACS-Rimouski a gagné le prix Égalité du Secrétariat à la condition féminine du gouvernement du Québec. À la suite de la réception de ce prix, le conseil municipal de Rimouski a adopté une motion de félicitations à l'égard de l'organisme[7]. Ces gestes nous rappellent certains événements survenus à Montréal dans les années 1950, discutés au premier

---

6. Voir, par exemple, CALACS-Rimouski, « Lutter contre l'hypersexualisation, Mémo 3, printemps 2008 », 12 juillet 2008, disponible au www.sisyphe.org (dernier accès en janvier 2017).

7. Procès-verbal, Ville de Rimouski, Conseil municipal, 2009-03-266, Motion de félicitations au CALACS-Rimouski, prix Égalité, 6 mars 2009.

chapitre quand nous examinons l'annonce d'une campagne de censure, la répétition constante de cette lutte et la déclaration de son succès. Les félicitations officielles du conseil municipal de Rimouski font écho à une collaboration étroite entre les autorités municipales et religieuses de Rimouski dans la lutte contre les journaux jaunes.

La réforme juridique avancée par le CALACS-Rimouski et, plus largement, ses actions de censure se fondent sur l'idée de l'hypersexualisation, c'est-à-dire sur le fait que la société affiche des images des femmes sexualisées. Bien sûr, cette question est très complexe. Mais nous devons nous poser les questions suivantes : en interdisant les images, les écrits, les enseignes, est-ce que nous créons un contexte favorable à un véritable débat de société sur les questions relatives à la sexualité ? Comment réconcilier le discours féministe sur la représentation dégradante et l'exploitation sexuelle des femmes avec celui des femmes adultes qui affirment avoir choisi de poser pour un calendrier érotique de leur propre volonté ? Les féministes sont-elles les seules à pouvoir définir les critères de ce qui constitue une représentation « acceptable » des femmes ? Est-ce que nous devons nous inquiéter de la collaboration entre certaines féministes et l'Église catholique sur des questions comme l'image et le rôle des femmes ?

En 1946, les réformateurs moraux ont exigé qu'on retire, à Rimouski, une affiche de la place publique en raison de son caractère sexuel[8]. En 2008, ce sont les féministes qui revendiquent l'interdiction de ces affiches dans la région. L'histoire de la censure au Québec se répète-t-elle ? Pire encore, les pratiques de la censure se renouvellent-elles ?

Protection de la jeunesse : le projet de loi C-20

Notre analyse de l'histoire expose le discours de protection de la jeunesse comme justification de la censure. Or, les réformateurs moraux ont dénoncé le dévergondage de la jeunesse québécoise dans les journaux jaunes et ont fait appel à la censure comme moyen efficace pour protéger les enfants. Des activités et des tentatives récentes de censure au Canada nous indiquent que la protection de la jeunesse continue de se présenter comme raisonnement des pratiques d'interdiction. Le cas d'une réforme de la loi sur la pornographie juvénile, un projet de loi présenté en 2002, illustre bien ce dilemme. Ce projet de loi, appelé Loi modifiant le Code criminel (protection des enfants et d'autres personnes vulnérables) et la Loi sur la preuve au Canada, avait pour objectif de préciser la censure des représentations

---

8. Voir Résolution du conseil de la Ligue du Sacré-Cœur de Rimouski ; AAR, Fédération diocésaine des ligues du Sacré-Cœur de Rimouski, boîte 2, dossier Moralité.

considérées comme obscènes concernant les jeunes et les enfants. Alors que la décision de la Cour suprême a clarifié les termes de l'obscénité dans son jugement *R. v. Butler* rendu en 1992[9], et que la question de la pornographie juvénile a également été jugée à la Cour suprême en 2001 avec le cas *R. v. Sharpe*[10], ce projet de loi voulait renforcer la censure des images de la sexualité juvénile en modifiant le Code criminel. La motivation explicite d'une telle initiative était, bien sûr, la protection de nos jeunes. Cela dit, nous nous attardons sur deux des éléments clés de ce projet de loi et leurs implications à l'égard des droits et des libertés.

En premier lieu, le projet de loi proposait de ne plus permettre une défense de «valeur artistique» pour quelqu'un qui avait été condamné pour production ou diffusion de pornographie juvénile, tout comme on voulait éliminer les motifs de valeur scientifique, médicale ou éducationnelle d'une œuvre. En revanche, on proposait qu'une telle représentation soit examinée en fonction d'un critère de «service du bien public» – critère qui était quand même vague dans sa définition. Autrement dit, la valeur artistique ne serait plus un motif suffisant dans le cas d'une condamnation. Les objections soulevées par les artistes à cette proposition de

---

9. *R. v. Butler*, Cour suprême du Canada, 1992.

10. *R. v. Sharpe*, Cour suprême du Canada, 2001. Voir également Stan Persky et John Dickson, *On Kiddie Porn : Sexual Representation, Free Speech and the Robin Sharpe Case*, Vancouver, New Star, 2001.

changement faisaient valoir que la liberté artistique est fondamentale à la création, au métier même d'artiste. L'Union des écrivaines et des écrivains québécois et la Canadian Conference of the Arts, par exemple, invoquaient la place centrale de la liberté d'expression pour les artistes au Canada[11]. Ces deux regroupements citaient la jurisprudence récente dans ce domaine, notamment la poursuite d'Eli Langer. Langer est un artiste visuel qui a exposé ses œuvres à la galerie Mercer Union à Toronto en 1993. Ses tableaux traitaient de sexualité, y compris de sévices sexuels sur les enfants. Il a été poursuivi pour avoir créé et distribué de la pornographie juvénile. La cour a décidé que Langer voulait justement rendre visible ce sujet tabou et que, par conséquent, il y avait une valeur artistique aux œuvres en question. En citant ces événements, les associations contre la censure disent que, advenant le cas où la jurisprudence n'inclurait pas une justification sur la base d'une valeur artistique, un artiste comme Langer aurait pu être condamné.

Le deuxième élément de ce projet de loi qui attire notre attention, c'est la question du fardeau de la preuve. Le projet de loi proposait des pouvoirs juridiques pour interdire une œuvre «à partir du

---

11. UNEQ, «Mémoire relatif au projet de loi C-20», disponible sur le site de l'UNEQ www.uneq.qc.ca (dernier accès en janvier 2017); CCA, «Brief of the Canadian Conference of the Arts to the House of Commons Justice Committe re Bill C-20», disponible au www.ccarts.ca (dernier accès en novembre 2011).

moment où elle a été dénoncée et demeure interdite jusqu'à la fin des procédures, même s'il s'avère en fin de compte qu'elle n'a jamais contrevenu à la loi[12]». Or, une telle démarche fait en sorte que l'on présume que la personne sera reconnue coupable – le contraire d'un principe fondamental de notre justice qui présume de l'innocence de toute personne devant la cour. Selon l'UNEQ :

> Un tel «fardeau de preuve inversé», où une personne est jugée coupable jusqu'à ce qu'elle ait fait la preuve de son innocence, a été maintes fois déclaré inconstitutionnel au Canada [...]. Il nous semble que le présent projet de loi ne devrait autoriser aucune saisie ou mesure coercitive tant que l'absence de mérite d'une œuvre n'a pas été démontrée hors de tout doute[13].

Soulignons ici que ces deux éléments du projet de loi – retirer la défense de valeur artistique et inverser le fardeau de la preuve pour permettre la saisie des

---

12. UNEQ, «Mémoire relatif au projet de loi C-20», *ibid.* Voir également Canadian Civil Liberties Association, «Re : The Child Pornography Provisions of Bill C-2», mémoire présenté au House of Commons Standing Committee on Justice, Human Rights, Public Safety and Emergency Preparedness, mars 2005, disponible au www.ccla.org (dernier accès en janvier 2017) et BC Civil Liberties Association, «Submission to the Standing Committee on Justice and Human Rights, Bill C-20 : An Act to amend the Criminal Code (protection of children and other vulnerable persons) and the Canada Evidence Act», August 11, 2003, disponible au www.bccla.org (dernier accès en janvier 2017).

13. UNEQ, «Mémoire relatif au projet de loi C-20», *op. cit.*

œuvres non encore jugées obscènes – se justifient dans un registre plus large de la pornographie juvénile et de la protection de l'enfance. En effet, qui se présenterait sur la place publique pour s'opposer à un tel discours ? La rhétorique de la protection de la jeunesse est tellement forte, tellement ancrée comme valeur fondamentale, qu'elle peut être facilement invoquée afin d'autoriser la censure. Pire encore, un discours de la protection de la jeunesse autorise des pratiques judiciaires perverses – une conception de la création artistique divorcée de l'expérimentation et de l'audace, ou bien la transformation des procédures judiciaires elles-mêmes dans lesquelles les accusés sont, *a priori*, jugés coupables. Si l'histoire de la censure des journaux jaunes nous enseigne que l'interdiction de la presse populaire se justifiait en faisant appel à la protection de la jeunesse, nous constatons que de récentes initiatives dans le domaine juridique au Canada proposent de bafouer les droits d'expression artistique, les droits de la personne et les droits des individus devant la cour – le tout, en invoquant la nécessité de protéger les enfants devant la pornographie juvénile. Plus ça change…

Les enjeux économiques pour réaliser la censure actuelle

Nous avons jusqu'ici analysé la légitimation de la censure par des arguments reposant sur la sexualité et la protection de la jeunesse, aussi bien sur le plan historique qu'à l'heure actuelle au Québec. Cette étude, grandement nécessaire, met l'accent sur le contenu d'une œuvre en question et établit un lien entre la censure et le message véhiculé (ou plutôt qu'on présume qu'il est véhiculé) par un tableau, une bande dessinée, un film ou un livre. La censure s'organise ainsi en fonction du contenu et des significations, comme en témoigne une controverse sur les tableaux de Carl Duplessis représentant la sexualité dans la municipalité de Verdun[14]. Mais nous devons nous attarder également sur les enjeux de l'accès et de la distribution. Car la censure ne participe pas uniquement à un débat de contenu. Plus encore, elle constitue une pratique institutionnelle qui cherche à entraver la possibilité même de créer ou de distribuer une œuvre.

Les résultats de notre recherche démontrent la place centrale qu'occupent ces enjeux de distribution dans une analyse de la censure. L'analyse des poursuites intentées à ces journaux et des condamnations, retracées grâce aux plumitifs de la cour, indique qu'un des moyens les plus efficaces de censurer les revues consistait à en empêcher la distribution. Ainsi, la police a effectué des saisies chez certains distributeurs montréalais. Le résultat ne s'est pas fait attendre : à la fin des années 1960 et

---

14. « Pas de nus dans les lieux publics à Verdun », *Le Devoir*, vendredi 22 janvier 2010, p. A1.

au début des années 1970, des vendeurs et des distributeurs, ciblés systématiquement, ont été condamnés à des amendes de plusieurs milliers de dollars (des sommes très importantes pour l'époque). Nous avons également évoqué les tentatives effectuées afin d'empêcher la distribution des journaux jaunes à Rimouski, en demandant aux vendeurs de signer des « engagements d'honneur » ou en donnant un « avertissement charitable » à ceux et celles qui rendaient les journaux jaunes accessibles dans la région. Sur le plan historique, la censure visait alors à empêcher la distribution des objets culturels. Une compréhension nuancée de la censure ne doit donc pas se limiter à débattre du contenu d'une œuvre ; elle doit également examiner la question de sa distribution.

Cette analyse de l'histoire de la censure aide à mieux comprendre son fonctionnement à l'heure actuelle. Tout comme nous pouvons remarquer des parallèles entre la censure d'autrefois et celle d'aujourd'hui en lien avec un discours sur la sexualité et la protection de la jeunesse, nous pouvons également constater des tactiques de censure dans les années récentes visant à empêcher la création ou la distribution d'œuvres potentiellement controversées. Plusieurs exemples illustrent l'importance d'examiner la distribution dans une analyse actuelle de la censure au Canada et au Québec.

Young People Fucking

En 2008, une controverse autour d'un film au titre cru, *Young People Fucking* (*Les jeunes baisent*), a éclaté au Canada. L'enjeu tournait autour de la question du financement des films et des produits culturels. Dans un projet de loi sur les revenus (et non pas dans le domaine culturel), le gouvernement a proposé que l'accès au programme de crédits d'impôt ne soit pas accordé aux artistes qui créent des œuvres considérées comme étant moralement offensantes.

Le gouvernement conservateur voulait s'assurer que l'appui donné aux cinéastes canadiens ne les inciterait pas à créer des œuvres scandaleuses, auquel cas les impénitents se verraient refuser les crédits d'impôt prévus. Cette mesure aurait fait en sorte que les cinéastes socialement engagés n'auraient pas eu accès aux ressources financières nécessaires pour réaliser leurs films, les cinéastes indépendants arguant qu'on avait besoin d'un tel accès pour pouvoir faire des films[15]. Voilà une forme de censure qui intervient, non par l'interdiction de présenter les œuvres en salle, mais par l'amputation tactique des crédits à la source par un gouvernement qui établit un lien entre moralité et financement des arts. La question de la distribution prédomine, la censure

---

15. Voir, par exemple, Stéphane Baillargeon, «Sus à la censure d'État», *Le Devoir*, 28 février 2008.

s'organise dans une loi sur les revenus et non au sein d'une politique culturelle.

Hommes à louer

Une tactique actuelle de la censure qui cible la distribution d'une œuvre est illustrée par le film documentaire *Hommes à louer* du cinéaste Rodrigue Jean. Jean est un artiste accompli, ayant plusieurs longs métrages à son actif : *Full Blast* (1999), *Yellowknife* (2002) et *Lost Song* (2008), ce dernier ayant gagné le prestigieux prix du meilleur film canadien du Festival international du film de Toronto en 2008. Jean a également réalisé des documentaires, notamment celui du portrait d'un poète acadien intitulé *L'extrême frontière : l'œuvre poétique de Gérald Leblanc* (2006). Le documentaire *Hommes à louer* traite d'un sujet difficile : les jeunes travailleurs du sexe, souvent toxicomanes, au centre-ville de Montréal. Filmé sur une période d'un an et demi, en collaboration avec les organismes communautaires Séro-Zéro (maintenant Rézo) et L'itinéraire, le montage du documentaire a duré presque une année. Le résultat de ce travail est un film de 140 minutes donnant la parole aux jeunes qui s'expriment sur leur vie : le travail, la drogue, la violence, les amitiés et les trahisons, l'amour, la police et une société qui préfère ni les voir ni les entendre. Le film se démarque des reportages sur la question de la prostitution masculine justement parce qu'il n'y a pas d'experts pour témoigner, pour expliquer la situation : aucun travailleur social, aucun médecin, aucun représentant des services policiers, aucun responsable d'un centre de désintoxication, aucun porte-parole d'organisme communautaire non plus. Seulement les voix des personnes qui vivent la situation. Après un visionnement public du film présenté aux Rendez-vous du cinéma québécois en 2008, voici comment d'autres artistes et cinéastes ont caractérisé ce film :

> *Hommes à louer* est un film-ovni dans le paysage cinématographique québécois. Mais personne dans l'industrie ne semble savoir quoi en faire. Il s'agit pourtant d'un des films les plus puissants, les plus forts et, en un mot, les plus nécessaires que l'on puisse imaginer aujourd'hui.
>
> Pendant deux heures et demie, une douzaine de jeunes nous parlent, d'un mois de novembre à un autre, de leur métier, de leur vie quotidienne, de leur histoire, avec une intelligence et une lucidité qui glacent le sang, qui font tour à tour rire et frémir ; ils savent parler mieux que quiconque de la réalité qu'ils vivent, de la logique infernale dans laquelle ils sont pris, de l'exploitation qu'ils subissent, qu'ils entre-tiennent et qu'ils reproduisent[16].

---

16. « À propos de l'embargo sur le dernier film de Rodrigue Jean – *Hommes à louer*, un film nécessaire », *Le Devoir*, 3 mars 2008.

L'audace de ce film – pour ce qui est de sa forme et de son contenu – provient du fait qu'on n'a pas nécessairement un cadre pour le comprendre : tant mieux, c'est le rôle de l'artiste de nous faire sortir des cadres ! Mais cela ne veut pas dire, par contre, que la réalisation d'un tel projet ait été facile, car Jean a été aux prises avec une censure liée à la distribution. Une version du film a été présentée aux Rendez-vous du cinéma québécois en février 2008. Toutefois, le programme des Rendez-vous parlait d'un « montage avancé » du film[17] alors que la version présentée en février 2008 était bel et bien la version définitive pour Rodrigue Jean et son monteur Mathieu Bouchard-Malo, comme l'a confirmé Jean publiquement lors de la présentation de son film.

Pourquoi le film est-il alors présenté comme un « montage avancé », laissant sous-entendre qu'une version définitive et ultérieure verra le jour sous peu ? Nous devons nous attarder sur les enjeux de la production d'un film afin de répondre à cette question. *Hommes à louer* a été réalisé par Jean, mais produit par l'Office national du film (ONF, Jacques Turgeon) et la société de production privée InformAction (Nathalie Barton). La production assure, entre autres, la distribution d'un film. Les producteurs de l'ONF et d'InformAction ont avancé des arguments quant au contenu et à la forme du film. Selon Jean, chacun des producteurs y allait de

17. *Ibid.*

ses préférences et de ses objections : soit on parlait trop de toxicomanie, soit on voulait faire disparaître de la version définitive une jeune victime d'agression sexuelle[18]. On revendiquait surtout un film moins long, de préférence un format de 43 minutes prêt pour la diffusion à la télévision. Alors que Jean avait réalisé un film documentaire qui donnait la parole aux jeunes marginalisés sans se perdre en nuances et en contradictions, les producteurs voulaient un peu plus de *marketing* – des personnages et un format convenable à la vente[19]. Jean se trouvait alors dans une position difficile : comme artiste, il considérait que la version du film était finale, et il l'a dit claire-ment devant le public d'une salle de cinéma remplie en février 2008. Mais, comme ses producteurs ne voyaient pas la version définitive dans ce produit, ils ne voulaient pas assurer sa distribution dans le format désiré par l'artiste ; en plus, ils ont contrôlé la présentation médiatique du film en insistant sur le fait que le film présenté en février 2008 était un « montage avancé », invitant en quelque sorte le public à exiger des coupures dans le film. Depuis ces événements, la version intégrale du film existe, mais

---

18. Voir Audrey Côté, « Documentaire sur les travailleurs du sexe. Un discours dur à avaler ? », *L'itinéraire*, 15 mars 2008, p. 5 ; « Entretien avec Rodrigue Jean (propos recueillis par Marie-Claude Loiselle) », *24 images*, n° 136, [en ligne] www.revue24images.com.

19. Sur cette question, lire l'entrevue avec Rodrigue Jean, Marie-Claude Loiselle, *ibid*.

il y a également une version plus courte, cette dernière n'ayant pas été signée par Jean.

La situation vécue par Jean soulève des questions fondamentales sur la création. Les artistes peuvent-ils déterminer le contenu et le format de leurs représentations? L'imposition d'un format quelconque (par exemple, une version courte d'un documentaire qu'on pourrait vendre à la télévision) n'est-elle pas une forme de censure qui empêche l'artiste de réaliser l'œuvre qu'il souhaite vraiment? En effet, un refus de distribuer un film peut être interprété comme un acte de censure, c'est-à-dire une interdiction qui ne s'organise pas nécessairement autour du contenu de la représentation, mais dont le résultat est le même. Comme le soulignent plusieurs artistes et cinéastes engagés à propos du film *Hommes à louer*, lorsque les producteurs et les distributeurs peuvent déterminer le contenu et le format d'un film, nous faisons face à un contexte social dans lequel les pratiques artistiques ne sont pas déterminées par des artistes, mais par des gestionnaires:

> On sort de la projection les jambes sciées, les yeux pleins d'eau, avec l'envie de crier. Mais notre révolte naît moins de ce que l'on a entendu et vu que de l'idée que l'on veut empêcher ce film-là d'exister dans la forme que ses créateurs lui ont donnée et qui est la seule acceptable.
>
> [...] Pour eux [les producteurs], un film, tout film, est potentiellement un arbre livré par un réalisateur

qu'il s'agit d'émonder afin qu'il cadre avec une forme que les producteurs-distributeurs-télédiffuseurs ont dans leurs têtes, et qui serait la seule, la vraie, l'unique façon de parler de « ce monde-là » pour que ça « pogne ». Voilà leur idée.

[...] On oublie de parler [...] de la mainmise des producteurs sur les œuvres des créateurs... qui exercent une censure infiniment plus perverse en empêchant un nombre incalculable d'œuvres fortes d'exister et de nous parvenir.

Cependant que nos institutions se gaussent d'être au service du cinéma d'ici, du cinéma d'auteur, elles sont en train de les asservir et de les soumettre à une violente et impitoyable loi du marché[20].

Une soumission à la loi du marché par les producteurs, les télédiffuseurs et les distributeurs crée un contexte général de censure dans lequel la création se fait d'abord et en premier en fonction de la rentabilité. Nous soulignons un paradoxe évident dans cette situation, puisque l'ONF déclare qu'il produit et distribue des documentaires à caractère social[21], et que « ses artistes et artisans continuent à faire œuvre de pionniers en matière de contenu et de forme dans le domaine du documentaire ». La situation vécue par Jean dévoile une logique de la

20. « À propos de l'embargo sur le dernier film de Rodrigue Jean – *Hommes à louer*, un film nécessaire », *loc. cit.*

21. Voir la page d'accueil du site de l'ONF, www.onf-nfb.gc.ca (dernier accès en janvier 2017).

rentabilité agissant au sein du cinéma d'auteur. Nous constatons dans cette logique que la censure à l'heure actuelle, comme celle d'autrefois, s'organise surtout à l'égard des questions économiques et de distribution.

Little Sister's

La place centrale des questions de distribution dans la censure est également perceptible dans la lutte menée par la librairie lesbienne et gaie à Vancouver, Little Sister's. Pendant plusieurs années, notamment au cours des années 1980 et 1990, les librairies indépendantes lesbiennes et gaies au Canada (Glad Day Books à Toronto, L'Androgyne à Montréal, Little Sister's à Vancouver) étaient victimes de la censure de Douanes Canada[22]. Les services de douanes du gouvernement avaient le mandat d'exclure de l'importation des publications jugées obscènes. Selon ces pouvoirs, les commandes des librairies mentionnées ci-dessus ont été saisies. Sur le plan pratico-pratique, une commande de 1000$ ou plus qui a été saisie (même de façon temporaire, le temps d'évaluer le contenu des publications) coûtait très cher à ces commerces indépendants. Les distributeurs

---

22. Janine Fuller et Stuart Blackley, *Restricted Entry: Censorship on Trial*, Vancouver, Press Gang Publishers, 1995 ; Cathy Jones, *Patrolling the Borders: Censorship and Gay and Lesbian Bookstores, 1982-1992*, Thèse de maîtrise, Études canadiennes, Université Carleton, Ottawa, 1993.

revendiquaient un paiement, même si la librairie n'avait pas encore reçu les livres, ou les commandes étaient retournées aux librairies quelques mois après leur envoi, ce qui rendait obsolètes les revues mensuelles incluses dans ces commandes. Nous observons ici des tactiques de censure qui nous rappellent la censure des journaux jaunes : la saisie des revues sans poursuite et des stratégies pour causer des difficultés économiques aux vendeurs.

Pour se défendre, Little Sister's a entrepris une poursuite contre le gouvernement. La librairie a allégué que les librairies lesbiennes et gaies étaient ciblées en particulier par Douanes Canada, démontrant par exemple que les mêmes titres saisis d'une commande de Little Sister's aient pu passer la douane lorsqu'ils avaient été commandés par une librairie qui n'était pas lesbienne ou gaie[23]. En 2000, devant la Cour suprême du Canada, Little Sister's a remporté une victoire importante : on a reconnu un ciblage discriminatoire des librairies lesbiennes et gaies par le gouvernement.

Nous voulons souligner ici la place centrale de la distribution dans cette tactique de censure. Golden Lee, un distributeur de livres aux petites maisons d'édition, a communiqué avec Little Sister's pour l'aviser qu'il ne pouvait plus continuer leur collaboration : les retards empêchaient la poursuite de leurs affaires avec la librairie. Un commerce qui doit payer

---

23. Janine Fuller et Stuart Blackley, *Restricted Entry*, *op. cit.*

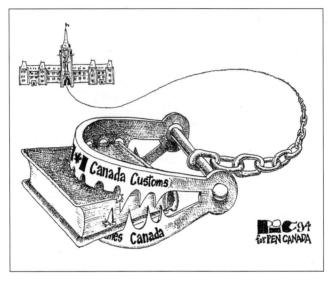

Durant les années 1980 et 1990, les librairies lesbiennes et gaies au Canada ont été victimes de censure par Douanes Canada, qui avait un mandat d'exclure des publications considérées obscènes. Ici, une carte postale produite en 1994 par PEN pour dénoncer ces attaques contre les artistes, les écrivaines et les minorités sexuelles au pays. Collection privée de Viviane Namaste.

pour des livres qu'il n'a pas encore reçus, un retard de plusieurs mois dans la livraison d'une commande (rendant des publications mensuelles désuètes) ou des délais considérés comme inacceptables pour une compagnie de distribution constituent une situation loin d'être rentable. Tout comme dans les années 1950 et 1960, la censure canadienne des dernières années s'organise sur le plan de la distribution.

Noir Canada

Le cas du livre *Noir Canada : pillage, corruption et criminalité en Afrique* souligne l'importance des questions de distribution dans une optique de censure. L'auteur du livre, Alain Deneault, analyse la situation des sociétés minières canadiennes et leur rôle dans l'exploitation des travailleurs et le non-respect de l'environnement. Malgré le sérieux de leur recherche, l'auteur et la maison d'édition ont fait l'objet d'une poursuite de six millions de dollars pour propos diffamatoires intentée par la société minière Barrick Gold. La compagnie Banro a également lancé une autre poursuite devant une cour ontarienne, doublant ainsi le travail de défense de la maison d'édition et de l'auteur. Les militants contre la censure considèrent que ces tactiques juridiques (appelées « poursuites-bâillons ») visent à empêcher la distribution du livre en exerçant une pression économique sur une petite maison d'édition[24]. En octobre 2011, une entente entre la maison d'édition et Barrick Gold a été signée ; elle aura comme résultat que le livre en question ne sera pas vendu et que la maison d'édition paiera un montant d'argent à la compagnie minière[25]. Plusieurs personnes interprètent une telle « résolution » de la

---

24. Voir, par exemple, Collectif d'auteurs, « Encore une fois le bâillon contre *Noir Canada !* », *Le Devoir*, 19 octobre 2011, p. A9.

25. Alexandre Shields, « Entente entre Barrick Gold et Écosociété », *Le Devoir*, 19 octobre 2011, p. A1 et A10.

situation comme étant un acte de censure[26]. Une manière efficace de supprimer une idée, c'est de s'attaquer à l'infrastructure de sa diffusion. Nous tenons à souligner que le recours au droit n'est pas une tactique inventée par Barrick Gold; l'adoption de règlements municipaux interdisant la vente des journaux jaunes partout au Québec dans les années 1950 et 1960 cherchait à empêcher la distribution de ces revues dites malsaines. Dans ces années-là, tout comme aujourd'hui, le droit pouvait être mobilisé pour effectuer un travail idéologique de censure.

La Caisse dans tous ses états

Si plusieurs personnes dans le domaine de la culture connaissent l'histoire des tentatives de censure de *Noir Canada*, le cas du livre *La Caisse dans tous ses états* est peut-être moins célèbre. Par contre, les détails du dossier sont encore plus inquiétants. Ce livre, écrit par Mario Pelletier, offre une analyse critique de la Caisse de dépôt et placement du Québec. Le livre examine la gestion de la Caisse, notamment la manière dont certains produits ont été dévalués (des stratégies qui faisaient partie intégrante de la crise économique mondiale en automne 2008). Dès la

---

26. Collectif d'auteurs, « Encore une fois le bâillon contre *Noir Canada* ! », *loc. cit.* ; voir également Normand Landry, *SLAPP, Bâillonnement et répression judiciaire du discours politique*, Montréal, Éditions Écosociété, 2012.

publication du livre, la Caisse a envoyé une mise en demeure à la maison d'édition Carte blanche, et son éditeur a lui-même demandé aux diffuseurs de retirer les exemplaires du livre des tablettes. Le livre a retrouvé sa place dans les librairies peu après, avec quelques notes explicatives mentionnant que les pratiques de comptabilité de la Caisse faisaient l'objet d'une vérification générale. Même si le livre est offert en librairie, cette situation est inquiétante. Comme le résume Pierre Trudel, il est question d'une institution publique qui se sert de fonds publics pour empêcher la circulation d'idées critiques concernant son fonctionnement :

> Utilisant l'argent de l'ensemble des citoyens qui y versent une partie de leurs épargnes, les autorités de la Caisse de dépôt servent à l'éditeur une mise en demeure visant, ultimement, à s'opposer à la parution d'un livre critique sur certains aspects de la gouvernance de l'institution publique [...]. L'épisode [...] illustre la démesure que prend le droit des entreprises de faire taire ceux qui les critiquent[27].

Nous pouvons établir des parallèles entre le cas de *Noir Canada* et celui de *La Caisse dans tous ses états* et nous voulons souligner tout particulièrement le caractère public de cette institution au Québec. Une

---

27. Pierre Trudel, «La censure dans tous ses états», *Le Devoir*, 20 mai 2009, p. A9.

institution qui a un mandat social et public mobilise ses ressources afin d'interdire des idées critiques qui posent des questions concernant les méfaits de son fonctionnement pour le bien public. Comme nous l'avons vu dans les années d'après-guerre, ces tactiques de censure visent à intervenir en amont afin de s'assurer que des analyses critiques ne soient pas entendues. Sans distribution, c'est ni vu ni connu.

L'affaire Olivieri

Un autre cas d'étude que nous voulons présenter afin de démontrer l'importance des questions économiques dans les pratiques censoriales vient non pas du domaine de la culture, mais plutôt de l'institution universitaire. Il s'agit d'une histoire vécue par la professeure Nancy Olivieri, chercheuse à l'Université de Toronto et au Hospital for Sick Children, et ancienne directrice du programme d'hémoglobinopathie. Olivieri était chercheuse principale d'une étude clinique sur le médicament Deferiprone, développé pour la condition médicale de la thalassémie (une condition qui exige des transfusions sanguines et qui entraîne une surconcentration de fer dans les organes). L'étude clinique dirigée par Olivieri a été financée par la compagnie pharmaceutique Apotex. Lorsque la professeure Olivieri a eu des résultats indiquant une certaine toxicité liée à ce médicament, elle a voulu en informer le comité de déontologie de son établissement ainsi que les patients qui avaient pris ce médicament.

Pour situer le contexte, les membres d'une faculté universitaire doivent recevoir, pour toutes leurs recherches médicales et cliniques, y compris les recherches impliquant des animaux ou des participants humains, l'approbation du comité de déontologie de leur institution. L'idée est simple : la recherche doit aider les gens, et non pas leur causer des préjudices (physiques, psychologiques ou sociaux)[28]. Les comités de déontologie existent pour assurer que les recherches soient conçues et réalisées en bonne et due forme. Ils peuvent également appuyer des chercheurs qui rencontrent des difficultés, afin de trouver des solutions aux problèmes éthiques survenus dans le processus d'un projet. Lorsqu'une clinicienne analyse les résultats de son étude, et qu'elle constate qu'il existe un réel danger pour la santé physique qui n'avait pas été mentionné comme possibilité au moment de l'inscription à l'étude, la procédure éthique à suivre est que les participants à l'étude doivent être immédiatement mis au courant. C'est ce qui s'est produit dans le cas de Nancy Olivieri. Elle a constaté des résultats qui n'avaient pas été soulevés au moment

---

28. Pour plus d'information sur la politique institutionnelle de déontologie des principales institutions de recherche au Canada (Conseil de recherche en sciences humaines, Instituts de recherche en santé au Canada, Conseil de recherches en sciences naturelles et en génie du Canada), voir www.nserc-crsng.gc.ca (dernier accès en janvier 2017).

de l'inscription à l'étude. Elle voulait donc communiquer avec les participants afin de les informer et, ainsi, être en mesure de déterminer la démarche thérapeutique la plus pertinente à suivre, selon les différents cas.

Olivieri a signé une entente de confidentialité avec la compagnie pharmaceutique Apotex, qui interdisait le partage d'information jugée confidentielle, recueillie lors de l'étude. Si elle avait respecté cette clause à la lettre, Olivieri n'aurait pu communiquer ses inquiétudes ni au comité de déontologie de son institution ni à ses patients. Par contre, en ayant recours aux principes de déontologie (ne pas nuire en faisant de la recherche, fournir de nouvelles informations pertinentes aux participants, ce qui aurait pu modifier leur participation initiale), Olivieri s'est trouvée obligée de divulguer ses résultats à son comité de déontologie et à ses patients.

Olivieri a voulu demander l'aide de son université pour communiquer ses résultats, mais elle avait été menacée d'une poursuite de la part d'Apotex si elle divulguait le contenu de ses recherches. Malheureusement, elle n'a pas reçu l'appui nécessaire de son institution universitaire. Malgré ce manque de soutien institutionnel, Olivieri a décidé de communiquer ses résultats – au comité de déontologie, à ses patients et à la communauté scientifique – en publiant un article dans une revue médicale importante. Pire qu'un simple refus de l'appuyer devant la menace d'une poursuite, l'Hospital for Sick Children a congédié Olivieri de son poste de directrice du programme et l'Université de Toronto a refusé toute aide à son égard[29]. Au moment du débat sur les résultats de l'étude clinique d'Olivieri, l'Université de Toronto et Apotex étaient en train de négocier un don substantiel de la part de la compagnie pharmaceutique de 20 millions de dollars pour l'université et de 10 millions de dollars pour les institutions hospitalières rattachées. Évidemment, plusieurs personnes associent le manque de volonté politique de la part de l'Université de Toronto à ce don.

Le cas d'Olivieri illustre à quel point les questions économiques sont de plus en plus centrales dans le financement de la recherche. Des études cliniques commanditées viennent avec certaines conditions – ne pas divulguer certains renseignements, même quand ces renseignements visent à protéger la santé physique des participants de la recherche. Les chercheuses se trouvent coincées : souvent sans les ressources nécessaires pour réaliser leurs études au sein

---

29. Voir James Turk, « The Greatest Academic Scandal of Our Era », disponible au www.mcmaster.ca (dernier accès en juillet 2016) ; voir également Jon Thompson, Patricia Baird, Jocelyn Downie, Report of the Committee of Inquiry on the Case Involving Dr. Nancy Olivieri, the Hospital for Sick Children, the University of Toronto and Apotex Inc., Canadian Association of University Teachers, 21 July, 1995, disponible au www.caut.ca (dernier accès en juillet 2016). Un livre a également traité de ce sujet, voir Miriam Shuchman, *The Drug Trial : Nancy Olivieri and the Science Scandal that Rocked the Hospital for Sick Children*, Toronto, Random House, 2005.

de l'université et sans un financement public, elles doivent se tourner vers des bailleurs de fonds comme les compagnies pharmaceutiques. Celles-ci imposent leurs conditions et la loi du marché prime sur la santé des personnes[30].

Cet exemple témoigne également du statut financier précaire de nos universités à l'heure actuelle. La privatisation des universités, bien incarnée par la sollicitation de dons importants auprès des compagnies pharmaceutiques, a des effets néfastes. Comme le souligne l'Association canadienne des professeures et professeurs d'université, l'Université de Toronto n'a pas défendu Olivieri parce qu'on cherchait à boucler une entente pour un don impressionnant[31]. Le fric passe avant les idées. Pire encore : le fric détermine quelles idées ont le droit de circuler librement et lesquelles seront mises au rancart par l'institution elle-même. Et la censure dans tout ça ? Bien sûr, lorsque ce sont les intérêts économiques qui encadrent ce que nous pouvons penser, rechercher, remettre en question et publier, nous nous

---

30. Pour une analyse des questions éthiques soulevées par l'affaire Olivieri, voir le numéro spécial dédié à ce sujet, *Journal of Medical Ethics*, vol. 30 (2004), disponible au http://jme.bmj.com/content/30/1/1.full (dernier accès en juillet 2016).

31. James Turk, « The Greatest Academic Scandal of Our Era », *op. cit.*

retrouvons dans un système de production du savoir qui s'achète. Bienvenue à l'université néolibérale[32].

Murs aveugles *d'Isabelle Hayeur* et la Biennale de Montréal

Le dernier cas qui illustre les enjeux économiques dans les actions censoriales à l'heure actuelle est une projection vidéo de l'artiste Isabelle Hayeur. Son œuvre, *Murs aveugles* (voir https://vimeo.com/104032665), a été conçue et réalisée dans le but d'être projetée sur le mur d'un bâtiment privé dans le Quartier des spectacles à Montréal. Faisant partie de la programmation officielle de la prestigieuse Biennale de Montréal en 2014, cette pièce parle de l'embourgeoisement des quartiers et de la transformation économique et symbolique de la vie urbaine. Le soir du vernissage, l'installation vidéo a été retirée, même si la projection était présentée depuis

---

32. Pour mieux comprendre ces enjeux, voir par exemple Éric Martin et Maxime Ouellet, *Université inc. Des mythes sur la hausse des frais de scolarité et l'économie du savoir*, Montréal, Lux, 2011 ; Normand Baillargeon, *Je ne suis pas une PME. Plaidoyer pour une université publique*, Montréal, éditions Poètes de brousse, 2011 ; Anne-Marie Duclos, *Le néolibéralisme et l'éducation au Québec. L'éducation n'est pas une marque de frigidaire*, Institut de recherches, 2 septembre 2015, disponible sur iris-recherche.qc.ca (dernier accès en juillet 2016) et Michel Biron et Pierre Popovic, *Un livre dont vous êtes l'intellectuel*, Montréal, Éditions Fides, 1998.

deux semaines déjà. Selon les responsables de la Biennale, la propriétaire du bâtiment, Mme Chow, avait des objections quant à certaines images dans le travail de Hayeur, notamment l'utilisation du feu. Les responsables de la Biennale ont retiré l'œuvre.

La position officielle de Sylvie Fortin, directrice de la Biennale, affirme que Mme Chow ne se montrait pas ouverte à une discussion sur cette question et n'était pas disponible pour une rencontre[33]. Par contre, l'artiste Isabelle Hayeur a pu constater une ouverture à la discussion de la part de Mme Chow lors d'un passage à son restaurant[34]. Fait intéressant, Mme Hayeur considère qu'à la lumière d'une conversation avec Mme Chow elle aurait pu trouver une solution afin d'apporter certaines modifications à son œuvre qui allaient satisfaire les préoccupations de Mme Chow. Par contre, cette possibilité n'a pas été offerte à l'artiste ; la Biennale a tout simplement retiré l'œuvre, alléguant qu'une autre solution n'était pas possible. Hayeur s'est défendue devant la Cour des petites créances avec l'appui du Regroupement des artistes en arts visuels du Québec

---

33. Mammouths, « La Biennale de Montréal n'a-t-elle que des droits ? », *Le Mammouth*, www.lemammouth.org (dernier accès en juillet 2016) ; Jérôme Delgado, « La Biennale de Montréal menée en cour », *Le Devoir*, 24 juillet 2015.

34. Isabelle Hayeur, « Pourquoi je poursuis la Biennale de Montréal », www.isabelle-hayeur.com (dernier accès en juillet 2016). Voir également le dossier de presse sur cette affaire, disponible au même endroit (après la version anglaise de la lettre de l'artiste).

(RAAV), afin de s'assurer que les artistes soient consultées dans la présentation de leur travail.

Cette situation soulève des questions importantes de censure, notamment une censure liée directement aux enjeux économiques dans le domaine des arts. Si, comme le prétend Mme Hayeur, on avait pu trouver une solution convenable entre l'artiste et la propriétaire du bâtiment, pourquoi la Biennale n'a-t-elle pas joué un rôle de médiation afin de favoriser l'émergence d'une réponse acceptable pour toutes les parties concernées ? Des enjeux qui dépassent les questions de contenu entrent en scène ici. Comme l'écrit Christian Bédard, directeur général du RAAV,

Dans cette affaire, on a l'impression que le Quartier des spectacles a voulu préserver ses chances de pouvoir réutiliser ce mur comme écran dans le futur en se soumettant béatement à la décision de la propriétaire. Ce faisant, le Quartier des spectacles aurait imposé sa décision à la Biennale qui, sans réfléchir plus avant aux problèmes que cela pouvait créer, a tout simplement et tout aussi béatement obtempéré. Les deux ont ainsi sacrifié le droit à la libre expression de Mme Hayeur sur l'autel de la propriété privée d'un immeuble dont la seule atteinte était de servir d'écran de projection dans le Quartier des spectacles[35].

35. Christian Bédard, « Cas de censure politique au Quartier des spectacles ? », *Actualités du Regroupement des artistes en arts visuels du*

Ailleurs, Bédard explique les actions de la Biennale en lien avec la propriétaire du bâtiment :

La Biennale et le Quartier des spectacles, voulant sans doute préserver leur relation tacite avec la propriétaire, puisqu'il n'y a pas de contrat entre eux pour les projections sur son mur, ont immédiatement conclu au retrait de l'œuvre de la programmation de la Biennale[36].

Nous observons ici non pas une situation dans laquelle la propriétaire d'un bâtiment privé a un droit de veto sur le contenu des œuvres projetées sur son mur, mais plutôt l'absence d'une entente contractuelle entre une propriétaire et la Biennale et le Quartier des spectacles. Malgré cela, la Biennale a agi selon une logique qui privilégie les intérêts commerciaux de partenariat et non les intérêts des artistes. La directrice de ce festival voulait préserver ses liens avec la propriétaire du bâtiment en question avant ses relations avec les artistes. Nous voyons dans cette forme de censure non pas une situation dans laquelle la propriétaire d'un bâtiment privé censure les œuvres jugées inacceptables, mais, plus

---

Québec, n° 1262, mis en ligne 5 novembre 2014, www.raav.org (dernier accès en juillet 2016).

36. Christian Bédard, « Isabelle Hayeur et la Biennale de Montréal en Cour du Québec », *Actualités du Regroupement des artistes en arts visuels du Québec*, n° 1441, mis en ligne 10 mars 2016, www.raav.org (dernier accès en juillet 2016).

grave encore, la transformation même du milieu artistique, une transformation dans laquelle les intérêts économiques et les rapports d'affaires dans les festivals déterminent ce qui est sélectionné, ou bien censuré. Dans les mots de la revue critique *Mammouths* :

> Le procès Hayeur vs La Biennale n'est pas que l'effet de circonstances malheureuses (une dame choquée par une image qui paraissait anodine aux yeux de l'artiste). Il est l'effet de rapports de pouvoirs systémiques et endémiques, entre les artistes et les institutions qui accueillent (ou non) leur travail. Il est le symptôme de l'impossibilité, pour les artistes, d'effectivement négocier leurs conditions de travail avec les diffuseurs qui n'ont que l'embarras du choix, et qui refusent de se donner un cadre éthique de soutien aux artistes et autres travailleurs – comme le font, par exemple, les centres d'artistes autogérés[37].

Autrement dit, la censure des artistes aujourd'hui s'organise dans le travail même de la distribution. Certains organismes et festivals, chargés de faire la promotion de l'art, agissent en vertu d'une logique des affaires et privilégient, ou suppriment, des œuvres en conséquence. La censure à l'heure actuelle, comme autrefois, est d'abord une question

---

37. Mammouths, « La Biennale de Montréal n'a-t-elle que des droits ? », *op. cit.*

de distribution et une question économique. Un jugement à la Cour du Québec, Division des petites créances, a condamné la Biennale dans sa manière de gérer la situation avec *Murs aveugles*[38].

En guise de conclusion : quelques pistes de réflexion… et d'action !

Bien sûr, notre travail est d'ordre historique. Mais, comme nous l'expliquons ci-dessus, cette histoire offre des leçons importantes pour mieux comprendre la situation actuelle. La censure se poursuit – souvent de façon invisible, cachée dans les réunions administratives ou à l'abri des regards, ancrée dans le paragraphe d'un projet de loi qui n'est pas discuté dans la plupart des médias. Elle est présente dans les pratiques administratives des festivals qui défendent les intérêts des partenariats commerciaux avant ceux des artistes, et elle est implicite dans le format exigé d'un film pour qu'on en finance la production.

Que faire alors ? Comment apprendre de cette histoire pour mieux comprendre ce qui se passe en ce moment ? Comment se tenir au courant des activités de censure aujourd'hui ? Existe-t-il des stratégies pour les contrer ? Voici quelques suggestions données aux lectrices à cet égard :

---

38. Isabelle Hayeur c. Biennale de Montréal, Cour du Québec, Division des petites créances, n° 500-32-146216-157, 28 septembre 2016.

Lisez un peu plus sur l'histoire de la censure au Québec

La bibliographie sommaire (en annexe) offre plusieurs articles, entrevues et études pour mieux comprendre l'ampleur de la censure. Vous seriez étonnées de constater à quel point la censure se manifestait autrefois.

Informez-vous de ce qui se passe sur le plan de la censure à l'heure actuelle

La liste des ressources, en annexe, présente de bonnes pistes vers des sources d'information sur les actions de censure les plus récentes.

Surveillez les dossiers de votre municipalité

L'histoire de la censure au Québec nous démontre que l'interdiction de la culture se manifeste et s'organise sur le plan local, dans les réunions du conseil municipal ou bien dans une commission scolaire quelconque. En effet, cela est toujours le cas, comme en témoigne le règlement municipal passé à Rimouski en 2008 censurant des enseignes considérées comme érotiques. Informez-vous de ce qui se passe dans votre municipalité.

STATEMENT ON CANADIAN LAWS VIOLATING FREEDOM OF EXPRESSION

MÉMOIRE SUR LES LOIS CANADIENNES QUI VIOLENT LA LIBERTÉ D'EXPRESSION

**Prepared by Dan Robins
with assistance from Bruce Walsh,
Lyne Robichaud, Jacques Boivin
and Jacques Lespérance**

February 1995

Le groupe militant SansCensure, qui était actif dans les années 1990 à Montréal, a organisé des conférences publiques pour sensibiliser des gens aux effets de la censure. Ici, la page-titre d'un mémoire présenté à la Commission des jeunes sur l'avenir du Québec, le 3 mars 1995. Collection privée de Viviane Namaste.

Envisagez l'action collective pour contrer la censure

Bien sûr, il est important que les gens se renseignent sur la censure, qu'ils signent des pétitions ou qu'ils se déplacent pour une manifestation publique. Comme on dit, l'union fait la force ! Peut-être qu'en nous mobilisant collectivement nous pourrons non seulement réagir aux instances de la censure, mais aussi agir de façon proactive relativement à ce problème. Voici donc quelques idées :

- Dans les années 1990, des militants se sont réunis pour former le groupe SansCensure. Ils voulaient se tenir au courant des activités de censure, présenter la position du groupe à des instances gouvernementales et sensibiliser la population à la fréquence de l'interdiction des idées et de la culture[39]. Y a-t-il un besoin pour un tel groupe aujourd'hui ? Y a-t-il quelqu'un qui se porterait volontaire pour organiser une première réunion ? Et communiquer avec les associations intéressées ?
- Les cinéastes peuvent-ils s'organiser collectivement afin de changer les modalités de financement des films ? L'action collective peut-elle influencer l'appui à un véritable cinéma d'auteur

---

39. Voir par exemple SansCensure, « Statement on Canadian Laws Violating Freedom of Expression : Vive la culture libre ! », manuscrit non publié, préparé par Dan Robins avec assistance de Bruce Walsh, Lyne Robichaud, Jacques Boivin et Jacques Lespérance, février 1995.

ici? Comment contourner la «violente et impitoyable loi du marché[40]» dont sont victimes les cinéastes? Quelles seraient les premières démarches à entreprendre?

- Les universitaires ont-ils un rôle à jouer pour sensibiliser les gens sur les répercussions de la privatisation du savoir? Quelles formes de gouvernance encouragent, dans un contexte universitaire, un véritable échange d'idées et une culture de la recherche caractérisée par l'audace? Quelles formes de gouvernance restreignent, dans notre système d'enseignement, ce qu'on peut rechercher, partager, enseigner, dire? Comment la censure accompagne-t-elle la privatisation des universités et des universitaires? Comment l'exposer? Comment la contrer? La recherche universitaire peut-elle faciliter une mobilisation collective autour de cette question?

La censure, hélas, fait partie intégrante de notre histoire collective au Québec. Ce livre voulait à la fois documenter une partie de cette histoire et faire le pont avec la situation actuelle. Tirons alors quelques leçons de l'histoire de la proscription de la culture afin de mieux comprendre la censure d'aujourd'hui. Comme le proclame Denis Monière,

---

40. «À propos de l'embargo sur le dernier film de Rodrigue Jean – *Hommes à louer*, un film nécessaire», *op. cit.*

« l'oppression s'est toujours appuyée sur l'oubli[41] ». Ce livre offre une contribution modeste pour comprendre comment les oublis forcés de notre histoire s'organisent.

41. Denis Monière, *Le développement des idéologies au Québec. Des origines à nos jours*, Montréal, Éditions Québec, 1983, p. 3.

Ressources utiles pour surveiller et agir sur la censure

Cette liste n'est pas exhaustive, mais elle présente un point de départ pour les lectrices qui veulent se tenir au courant des activités de censure au Québec et au Canada.

Union des écrivaines et des écrivains québécois
www.uneq.qc.ca
Cette association prend position contre la censure.

BC Civil Liberties Association
www.bccla.org
Cet organisme a produit plusieurs mémoires importants sur la censure au Canada, y compris concernant le projet de loi C-20 et la situation vécue par la librairie Little Sister's.

Freedom to Read Week
www.freedomtoread.ca
Chaque février, une semaine complète est dédiée à la liberté d'expression. Ce site offre des ressources, des activités et des affiches liées aux campagnes. Il

fournit également une liste couvrant 100 ans de censure au Canada, avec des cas célèbres discutés.

Canadian Civil Liberties Association
Ccla.org
Cette association prend position contre la censure.

Conférence canadienne des arts
www.ccarts.ca
Travaillant dans le domaine des arts, la Conférence canadienne des arts offre plusieurs ressources pertinentes concernant la censure au Canada.

À bâbord !
www.ababord.org
Une revue indépendante et critique qui vise à promouvoir la justice sociale.

Les libraires
www.revue.leslibraires.ca
Un portail sur les livres au Québec.

L'Union des artistes
www.uda.ca
L'Union des artistes est une ressource intéressante lorsqu'on réfléchit sur la censure, puisque l'interdiction de la culture touche les artistes de façon profonde.

Bibliographie sommaire

Quelques références pour mieux comprendre l'histoire de la censure au Québec et au Canada anglais.

La censure au Québec

« À propos de l'embargo sur le dernier film de Rodrigue Jean – *Hommes à louer*, un film nécessaire », *Le Devoir*, 3 mars 2008.

« "Des lectures illicites" : Une entrevue avec J.-Z. Léon Patenaude », *Voix et images*, vol. XV, n° 2 (hiver 1990), p. 167-179.

« Entretien avec Rodrigue Jean (propos recueillis par Marie-Claude Loiselle) », *24 images*, n° 136, [en ligne] www.revue24images.com / archives.

BEAUREGARD, Claude, *Guerre et censure au Canada, 1939-1945*, Sillery, Septentrion, 1998.

DE LAGRAVE, Jean-Paul, *Les origines de la presse au Québec (1760-1791)*, Montréal, Éditions de Lagrave, 1975.

DELISLE, Esther, *Essai sur l'imprégnation fasciste au Québec*, Montréal, Éditions Varia, 2002.

DELISLE, Esther, *Le Traître et le Juif. Lionel Groulx, Le Devoir et le délire du nationalisme d'extrême droite dans la province du Québec 1929-1939*, Outremont, L'Étincelle, 1992.

DELISLE, Esther, *Mythes, mémoire et mensonges, l'intelligentsia du Québec devant la tentation fasciste, 1939-1960*, Montréal, Éditions Multimédia Robert Davies, 1998.

GAGNON, Claude-Marie, «La censure au Québec», *Voix et images*, vol. IX, n° 1 (1983), p. 103-17.

HÉBERT, Jacques, *Obscénité et liberté : Plaidoyer contre la censure des livres*, Montréal, Éditions du Jour, 1970.

HÉBERT, Pierre, avec la collaboration d'Élise SALAÜN, *Censure et littérature au Québec. Des vieux couvents au plaisir de vivre (1920-1959)*, Montréal, Éditions Fides, 2004.

HÉBERT, Pierre, avec la collaboration de Patrick NICOL, *Censure et littérature au Québec. Le livre crucifié, 1625-1919*, Montréal, Éditions Fides, 1997.

HÉBERT, Pierre, Yves LEVER et Kenneth LANDRY, dir., *Dictionnaire de la censure au Québec. Littérature et cinéma*, Montréal, Éditions Fides, 2006.

HÉBERT, Pierre, «Où est l'univers concentrationnaire ? *Le Devoir* et les paradigmes de la censure (1920-1960)», *Voix et images*, 68, vol. 23, n° 2, (hiver 1998), p. 229-247.

LEVER, Yves, *Anastasie ou la censure du cinéma au Québec*, Québec, Septentrion, 2008.

MICHON, Jacques, dir., *Histoire de l'édition littéraire au Québec au xxᵉ siècle, vol. 2, Le temps des éditeurs, 1940-1959*, Montréal, Éditions Fides, 2004.

POULIOT, Suzanne, « Le discours censorial sur la littérature de jeunesse québécoise de 1900 à 1960 », *Présence francophone*, n° 51 (1997), p. 23-45.

SALAÜN, Élise, « Érotisme littéraire et censure : La révolution cachée », *Voix et images*, 68, vol. 23, n° 2, (hiver 1998), 297-313.

VIENS, Nathalie, « L'humanisme intégral comme doctrine censoriale. La revue *Lectures* des Éditions Fides (1946-1951) », *Voix et images*, 68, vol. 23, n° 2 (hiver 1998), p. 281-296.

La censure au Canada

ADAMS, Mary-Louise, « Youth, Corruptibility and English-Canadian Post-War Campaigns Against Indecency, 1948-55 », *Journal of the History of Sexuality*, vol. 6, n° 1 (1995), p. 89-117

BOURRIE, Mark, *The Fog of War: Censorship of Canada's Media in World War II*, Vancouver, Douglas and McIntyre, 2011.

BURSTYN, Varda, dir., *Women against Censorship*, Toronto, Douglas and McIntyre, 1985.

CAREFOOTE, Pearce, *Forbidden Fruit: Banned, Censored, and Challenged Books from Dante to Harry Potter*, Toronto, LMB Editions, 2007.

COSSMAN, Brenda, *Censorship and the Arts: Law, Controversy, Debate, Facts*, Toronto, Ontario Association of Art Galleries, 1995.

COSSMAN, Brenda, Shannon BELL, Lise GOTELL et Becki ROSS, *Bad Attitude/s on Trial:*

Pornography, Feminism and the Butler Decision, Toronto, University of Toronto Press, 1997.

DEAN, Malcolm, *Censored: Only in Canada: The History of Film Censorship, the Scandal Off the Screen*, Toronto, Virgo Press, 1981.

FULLER, Janine et Stuart BLACKLEY, *Restricted Entry: Censorship on Trial*, Vancouver, Press Gang Publishers, 1995.

KINSMAN, Gary et Patrizia GENTILE, *The Canadian War on Queers: National Security as Sexual Regulation*, Vancouver, UBC Press, 2010.

LACOMBE, Dany, *Blue Politics: Pornography and the Law in the Age of Feminism*, Toronto, University of Toronto Press, 1994.

McGINNIS, Janice Dickin, « Bogeymen and the Law: Crime Comics and Pornography », *Ottawa Law Review*, 20.1 (1988), p. 3-23.

PETERSEN, Klaus et Allan HUTCHINSON, dir., *Interpreting Censorship in Canada*, Toronto, University of Toronto Press, 1999.

RULE, Jane, *Detained at Customs: Jane Rule Testifies at the Little Sister's Trial*, Vancouver, Lazara Press, 1995.

Table des matières

CET OUVRAGE EST COMPOSÉ EN DANTE CORPS 12,5
SELON UNE MAQUETTE RÉALISÉE PAR PIERRE-LOUIS CAUCHON
ET ACHEVÉ D'IMPRIMER EN JANVIER 2017
SUR LES PRESSES DE L'IMPRIMERIE MARQUIS
AU QUÉBEC
POUR LE COMPTE DE GILLES HERMAN
ÉDITEUR À L'ENSEIGNE DU SEPTENTRION